マンネリの壁を超える！

主体的な保育者になるための88の思考法

青木一永 著

中央法規

はじめに

「主体的」に「思考」するために

あなたは、どのような思いでこの本を手に取りましたか？　きっと「成長したい」「何かを変えたい」「もっと主体的な自分でありたい」など、「〜したい」「〜でありたい」と思っているからではないでしょうか。まさにこの本は、そんなあなたのための1冊です。

これまで私は、全国で約90施設の保育所等を運営する社会福祉法人檸檬会（レイモンド保育園）の副理事長として、たくさんの保育者とさまざまな悩みや葛藤について対話してきました。そんななかで、変化し成長した保育者たちに共通点があることに気づいたのです。それは何かというと、「思考」の変化です。

「思考」とは、物事のとらえ方といえるかもしれません。つまりそれは、世界を解釈するあなた独自のレンズといえるでしょう。同じ状況でも、それをどうとらえるかによって、見えてくる世界が変わり、行動が変わるのです。

保育の現場では日々いろいろなことが起こります。悩むこと、つまずくこと、時にはイライラすることだってあるでしょう。しかし、「子ども主体の保育」を実現するためには、その担い手である私たち保育者自身が主体的である必要があります。それには、私たちが「主体的」に「思考」することが不可欠なのです。

この本では、主体的な保育者になるための88の思考法を、具体的なエピソードとともに紹介します。

この本を読み進めることで、あなたが「あるある」な保育の日常場面を新たな視点でとらえ直し、行動の一つひとつに確かな意味を見出すことを願っています。そしてそれは、子どもたちや保護者、同僚のすばらしい変化にもつながるでしょう。職員のみなさんで読み合わせていただいてもいいかもしれません。

保育者としての自分をアップデートし、より主体的に子どもたちと向き合う。その第一歩を、この本とともに始めませんか?

青木一永

目次

第3章 気持ちと感情をコントロールする

第4章 チームの文化をつくる

第5章 コミュニケーションスキルを高める

第6章 仕事の進め方

序章

本書を最大限活用するために

あなたは今、「不満」をもっていますか？　「不満」とは、満たされていないもの、満足していないもののことです。本書を読み進めるにあたって、あなた自身の「満足していないこと」を思い浮かべてみてください。

「もっといい保育がしたいのに」「同僚や上司とうまく関係を築きたいのに」といった「不満」もあれば、「やりたいことがない」「時間がない」という「不満」もあるでしょう。

「人見知り」「弱みを見せられない」など性格への「不満」もあれば、「腰痛」「体重」など健康面での「不満」を挙げる人もいるかもしれません。

さて、あなたの不満トップ3を選ぶとしたらどれになりますか？　そしてそれらは今に始まったものではなく、それなりの期間にわたって、大きな存在感をもっていたのではないでしょうか。また、（何もしなければ）これからもあなたの中に居続けるような気がしませんか。

しかし、もしそれらの「不満」が解消されたとしたら？　あるいはその「不満」を「不満」とも思わなくなったら？

目の前がパッと明るく、毎日が躍動し、イキイキと過ごしているように思いませんか。そして、そうした日々への**分岐点となるレバーが、今目の前にある**としたら、さてどちらの道を選択しますか？

その「不満」をもち続ける人生を選ぶのか、その「不満」から解放された人生を選ぶのか？　選ぶのはあなた自身でしかありませんし、どちらを選ぶのも自由です。

今はまだ、「どうやって？」と考える必要はありません。手段を考え始めると、「どうしたらいいかわからない」「難しそう」「大変そう」「できっこない」と思い始め、変わろうとする自分にブレーキをかけてしまうからです。

まずは、**自分自身が「幸せになる」許可**を出すこと。そして**「幸せになりたい」と素直に思う**こと。

まずはここからがスタートです。

第1章

成長への心がまえ

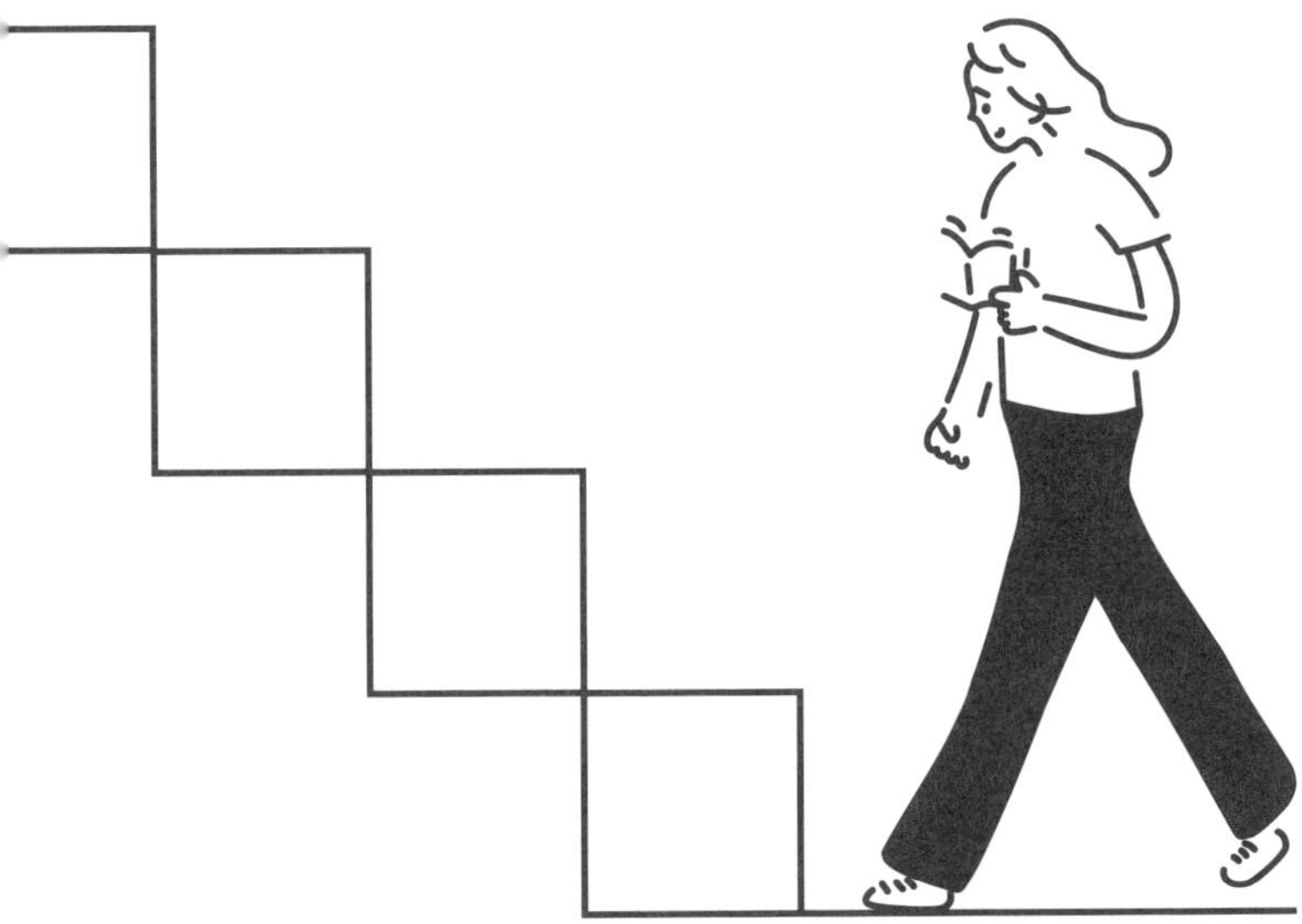

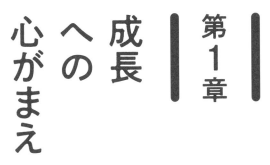

1 運がいい人は自分を大切にする人

あなたは運がいいですか？　世界的企業である現在の「パナソニック」を創業した松下幸之助さんは、採用面接で「君は運がいいか？」と問いかけ、「運がいい」と答えた人を採用したというのは、有名な話です。

それでは、なぜ「運」という非科学的なものを大切にしたのでしょうか。それは、「運がいい」と思っている人は、大変なことがあってもあきらめなかったり、物事をポジティブにとらえて取り組むことができるからです。一方で、「運が悪い」と思っている人は、「どうせうまくいかない」「また失敗する」とネガティブにとらえてしまい、なかなか動き出せませんよね。では、どうしたら「運がいい」人になれるのでしょう。それは、**自分を大切にする**ことです。

たとえば保育の場面で、子どもが食べ物を床にこぼしたとします。さて、あなたは、使い古した雑巾《ぞうきん》と、真っ白な雑巾、どちらの雑巾で拭きますか？　多くの人が使い古した雑巾を選ぶと思います。「ボロボロな雑巾のほうが、真っ白な雑巾よりも床を拭くのにふさわしい」と思うからです。

これは人にも当てはまると思いませんか？　ちゃんと身なりや気持ちを整え、自分を大切にしている人は、ぞんざいに扱いにくいはず。そういう人の周りには、自ずといい人や良い話が集まり、成長する機会も訪れやすくなります。そう、まさに運のいい状態です。一方で、「どうせ自分なんて」「でも、だって」と自分を卑下し、自分を大切にしない人に、さまざまな人やチャンスは集まるでしょうか。

以前、こんな相談を受けました。「最近、自分の保育に自信がなくなってきたんです。いつも失敗ばかりで、子どもたちにも申し訳ない思いでいっぱいです」という内容でした。

たしかにうまくいかないこともあるでしょう。しかし、それらは**「失敗」ではなく、「うまくいかなかった」ということに過ぎません。**「うまくいかなかった」ととらえることで、「じゃあ、どうしたらいいだろうか?」と次の糸口を考えるきっかけになるはずですし、成長するためのチャンスにすることもできるはずです。一方で、「失敗」ととらえると、自分を責めたり、自分には能力がないと思い込んだりしてしまいますよね。

私はこうした話をしつつ、彼女自身ができていることを一つずつ確認すると、たくさん出てきて、表情が明るくなっていきました。最後に私は、「自分を大切にしてもいいんだよ」と言いました。

運を良くするには、まずはあなた自身を大切にすることです。日常生活でも保育の仕事をしていても、「なんでうまくいかないの」「どうして自分は……」「いつも自分は……」など、自分自身にネガティブな感情を抱くことがあると思います。大切なのは、それを膨らませないようにすること。膨らませたところで何の解決にもなりませんし、自分を大切にしていませんよね。この本も、自分や自分の未来を大切にする思いをもって、読み進めていただければと思います。

今日からできるアクション!

- □ 毎日、寝る前に、自分ができたことや成果を見つけて、振り返る。
- □ 失敗や困難な出来事があっても「うまくいかなかっただけ」ととらえ、「次はどうすれば良くなるか」を考える。
- □ 自分へのご褒美《ほうび》の時間をつくり、好きなことをしたりしてリフレッシュする。

2 自分のことを決めつけない

誰しも「自分はこういう人」というイメージをもっています。これを自己イメージ、セルフイメージといいます。さてあなたは、自分に対してどんなイメージをもっていますか？

「楽天的」「行動力がある」といったポジティブなイメージをもつ人もいれば、「人見知り」「頭が悪い」「話すのが下手」などネガティブなイメージをもつ人もいるでしょう。もちろん、ポジティブ、ネガティブ両方が同居していると思います。実はこのセルフイメージは、他者から言われた言葉によってでき上がっていることが多く、「事実」ではないことがほとんどです。

たとえば、テストで90点をとって「よくがんばったね！」と言われ続けた場合と、「あら、満点じゃなかったの？」と言われ続けた場合、その子はどのようなセルフイメージをもつと思いますか。

事実は同じでも（同じ90点でも）、周りからどう言われたか、どう評価されたかによって、セルフイメージが大きく変わってしまうのがわかりますよね。こうした積み重ねによって、私たちはセルフイメージをつくり上げていくのです。

以前、ある主任から「人をまとめるのが苦手なのに、主任をやっていて大丈夫なんですかね」と相談を受けたことがあります。しかし、園はうまくまとまっているし、彼女に人をまとめる力がないとは思えませんでした。

そこで、「いつから苦手意識をもっているの？」と尋ねると、中学生の頃に「〇〇ちゃんのせいでチームがまとまらない」と言われたことがきっかけかもしれないと教えてくれました。つまり、何気ないその一言が、大人になった彼女のセルフイメージにも影響を与えていたわけですね。それに気づいた彼女は、これまでチームをまとめてきた事実を正しくとらえ、考え方や行動が変わっていきました。

このように、ポジティブなセルフイメージは、ポジティブな考え方や行動につながります。一方で、自分自身をネガティブで批判的にとらえたセルフイメージの場合、人からどう見られるかを気にしすぎて自分らしく行動できなかったり、あきらめたり、自分を責めたりするかもしれません。

セルフイメージは、人生のあらゆる場面に大きな影響を与えますが、**あなたがもっているセルフイメージは、事実を正しくとらえていますか？** 思い込みで自分を決めつけていませんか？

「私は覚えるのが苦手」と思っていても、得意な分野なら覚えていますよね。「何をやってもうまくいかない」と思っていても、うまくいったことは何度もあるはずです。「人見知り」と思っていても、人見知りにならない場面はありませんか？

誰かから言われた言葉で自分をネガティブなセルフイメージで固めてしまうのは、「自分を大切にしない」ことにつながります。改めてセルフイメージを見直してみてください。

今日からできるアクション！

- ☐ 自分の長所や成功体験を意識的に見つけ、ノートやアプリに書き留める。
- ☐ 同僚や上司に自分の良い点を聞いてみる。
- ☐ ネガティブな言葉が浮かんだら、ポジティブな表現に言い換える（「声が小さい」は「穏やかで落ち着いた雰囲気をつくれる」など）。

3 心の中のつぶやきがもつ強さ

前項では、自分のことを決めつけないということをお伝えしました。しかし、長年こびりついたセルフイメージを変えるためには、どうしたらよいのでしょう？　「自分って〇〇」というネガティブなセルフイメージが思い浮かぶとき、多くの場合、「またうまくいかなかった」「やっぱり自分は〇〇が苦手だ」といった言葉が、頭の中でグルグル回っているのではないでしょうか。

このような頭の中でのつぶやきを「セルフトーク」といいます。実はこのセルフトーク、無意識に1日何万回もつぶやいているといわれます。1日に4万回つぶやくとすると、何と1時間に2500回も自分につぶやいていることになります（8時間睡眠の場合）。

もしもそれがネガティブなつぶやきだとしたら「お前はできない」「お前は無能だ」「お前にはできっこない」と1時間に2500回も耳元でささやかれているわけです。そんなことをされたら「やっぱり自分はそういう人間なんだ」と思い込むようになり、セルフイメージはより強固なものになってしまいますよね。このようにしてつくり上げられたセルフイメージは、チャレンジを躊躇《ちゅうちょ》させたり、人とのコミュニケーションを恐れる原因にもなりかねません。

しかし、**意識的に使う言葉を変えることで、こうしたセルフトークを変えていくことができる**のです。以前私が企画した宿泊型研修では、「ポジティブな言葉を使う」ことを前提とした内容にしました。研修中も休憩中も、部屋に戻ってからも、とにかくポジティブな言葉を使ったり、ポジティブな言葉に変換するということをしました。すると、その研修は終始明るい表情と前向きな空気に包まれて進んでいったのです。

話す言葉によって自分の感じ方や行動が大きく変わります。だからこそ、ポジティブなセルフトークは、私たちを前向きな姿勢にしてくれます。反対にネガティブなセルフトークは、自ら可能性の扉を閉ざしてしまうのです。

だからこそ、まずは自分の中のセルフトークに関心をもち、観察してみましょう。もしそれらがネガティブなセルフトークであったなら、ポジティブな言葉に言い換えることを意識してみてください。

たとえば、「話すのが苦手だ」と感じたら、「少しずつ話してみよう」と言い換える、「いつもうまくいかない」と思ったら、「うまくいったこともある」と振り返るなど、日々のつぶやきを少しずつ変えていくのです。口に出す言葉を変え、セルフトークをも変えていくことで、セルフイメージも少しずつ変わり、より健やかな気持ちで毎日を過ごせるようになるはずです。

1日何万回も自分に語りかけるつぶやきを、ポジティブなものにしていくことで、世界が変わり始めます。

今日からできるアクション！

- ☐ 意識的にポジティブな言葉を使うようにする。
- ☐ 自分のセルフトークに意識を向け、ネガティブなつぶやきが出てきたら、ストップしたり言い換えてみる。
- ☐ 日々を振り返り、周囲の人々への感謝やうまくいったことを強く意識する。

4 自己効力感を高める

「いつもチャレンジしていてすごいですね」「あなたみたいにはできない」と相手に伝えても、「全然すごくないですよ」と返事をされたことはありませんか？　同じように、あなたも周りから「すごいね」と言われたけど、「全然すごくないです」と答えた経験があるはずです。これは「謙遜《けんそん》」からではなく、自己効力感の違いによることが少なくありません。

どういうことかというと、あなたが30センチの溝を跳び越えたとき、周りが「わぁ、すごいね！」と喜んだとしたらどう反応しますか？　きっと、「これくらい当たり前です」「全然すごくないですよ」と言うでしょう。むしろ「なんでこんなことを褒《ほ》めるんだろう」「子ども扱いしないで」と訝《いぶか》しく思うかもしれません。

なぜそんなふうに思うかというと、あなたはチャレンジする前から「30センチの溝なんて跳び越えて当然」という「なぞの自信」をもっているからです。

こうした「やる前から抱くなぞの自信」を自己効力感といいます。**自己効力感とは、自分がもつ能力に対する信頼や確信**を指します。「自分はできる」「たぶんできる」「きっとできる」という感覚です。

物事に取り組むには、この自己効力感がとても重要です。なぜなら、**目の前の溝の評価（難易度）は、自己効力感によって変わる**からです。3メートルの溝だったら「遠いな！」と躊躇《ちゅうちょ》するけれど、30センチだったら跳べる気がしますよね。それは、跳ぶ前から「なぞの自信」をもてる幅だからです。

以前、ある職員から、「私は園行事のリーダー役を受ける自信がありません」と言われたことがあります。彼女はとても熱心な保育者で、日々の仕事を丁寧にこなしていましたが、彼女にとって行事リーダーは、「やる前から抱くなぞの自信」をもてない役割だったわけです。

しかし、彼女の話を聴いていくと、これまで長女としてリーダー的な振る舞いをしていたことや、友だちを誘っての旅行企画、困っている人へのたくさんの「おせっかい」エピソードが出てきました。そして「それってすでにリーダーやってるよね?」「それをしていたときって、『私にできるかな?』なんて考えてた?」と尋ねると、「そんなこと考えずにやってました」と言いました。

つまり、**彼女にとって人をまとめたり助けたりすることは、「やる前からなぞの自信」をもって自然体でやっていた**ことだったのです。それに気づいた彼女は、リーダーとしてのポジションは初めてでないことを自覚し、「やってみます」と気持ちを新たに取り組んでいきました。

誰だって、「なぞの自信」をもてないものにチャレンジするのは不安が伴います。しかし、自己効力感が高ければ、「やるぞ」と思えるはず。自己効力感の高い領域でチャレンジすることは、成功や成長への近道なのです。

今日からできるアクション!

- □ 小さな成功体験を積み重ねる。
- □ 得意な領域でチャレンジする。
- □ できたことを認め、書き留める。

5 変化に強い自分になる

保育現場では、園長や主任が変わると、園の方針が変わることも少なくありません。こんなとき、「戸惑い」「反発」「混乱」が起こるものです。人は変化を嫌う生き物なので、こうした反応は当然です。

たとえば、園長が「来年度から異年齢保育を導入します」と提案したとします。その提案に対して、「なぜこのタイミングなのですか?」「なぜこれまでの方法ではいけないのですか?」といった否定的な意見が出るのは、突然の変化に心が抵抗し、既存のやり方を守ろうとする心理が働いているからです。

さてここで、あなた自身が大きく成長したタイミングを思い返してみてください。そこには環境の変化が伴っていませんか?

私自身が成長したタイミングを振り返ると、職場や立場が変わったりして、慣れ親しんだ環境が変化したときでした。最初は不安だらけでしたが、新しい環境に向き合い、試行錯誤することで成長したように思います。あなたも、進学・就職・転職・引っ越し・結婚・出産・出会いや別れなどの環境の変化によって、進化してきたのではないでしょうか。結婚して家族が増えたとき、生活が大きく変わったけれど、その変化の中で私たちは新しい役割を担いながら成長していくのです。

つまり、環境の変化は成長をもたらすのです。

私が園長をしていた際、一斉型の保育活動から子ども主体の保育へと転換した時期がありました。そのとき職員は、「なぜ変えなくてはいけないの?」「やり方がわからない」と戸惑っていたように思います。しかし、保育を見直していくことで、子どもたちの姿も変わり始め、保育者自身の学びや発見につながり、成長へとつながっていったのです。

変化に強い自分になることは、成長し続けることにつながります。新しいことを始めようとするとき、**やらない理由や言い訳が思い浮かんだら、「これは現状にとどまろうとする心の働きだ」と思ってください**。そして、「これにチャレンジしたら、どんなメリットがあるだろう？」「どんな成長を遂げるだろう？」と考えてみてください。むしろその変化を楽しみながら、進んでいく気持ちをもてるといいですね。

今日からできるアクション！

- □ 変化に対して自分の感じる不安や抵抗に気づく。
- □ その不安や抵抗はどこからきているのか考える。
- □ この変化は自分をどのように成長させてくれるのだろうかと考える。

6 現状維持は衰退の始まり

私たちの脳は楽をしたがるので変化を嫌い、現状維持を好むといわれています。つまり、私たちは現状維持をしたがる生き物ということです。

たとえば、毎年同じ行事内容なら、いちいち考え直さなくていいので楽ができますよね。運動会を毎年同じ内容、同じ流れで行うとしたら、準備も少なく、時間も節約できるはず。しかし、これでは、成長も発展もありません。

こうした現状維持は、衰退の始まりともいわれます。というのも、あなたの園が現状を維持しているとき、周囲の園が前進していたら？　あなた自身が現状を維持しているとき、周りの人々が前進していたら？　それは、あなたの園やあなたが周りから取り残されているということになるわけですね。

つまり、世の中や周囲と比較して考えると、現状維持は衰退、ということを意味するんです。

ようやく日本でも、子どもがタブレットなどのデジタルツールを使う園が増えてきましたが、まだまだ多くありません。しかし、他の先進国では、何十年も前から、デジタルツールの導入が進み、保育の場にしっかりと浸透しているのです。なぜ日本ではそれが遅れたのでしょう？　私は、保育者の心理的抵抗が背景にあると思っています。

現在はものすごい勢いで時代が変化し、新たなテクノロジーやライフスタイル、考え方が生まれています。保護者の職場でも、保育現場とは比べ物にならないスピードで新しいものを取り入れ、進化していっているはずです。私たちは、保育以外の業界の動きにも目を向けないと、保育業界そのものが衰退してしまいかねません。

だからこそ、**現状維持ではなく変化していく必要がある**のです。もしも「変化」という言葉に抵抗があるなら「進化」という言葉を使ってみてください。私は、私たちの園は「進化」する。これからの時代、保育も「進化」していかなければならないのです。

今日からできるアクション！

- □ 他の園や他の保育者がどんなことをしているかリサーチする。
- □ 自分の園が「進化」する必要があるのはどこだろう？　と考える。
- □ 進んでいる人や場所に見学に行ったり、話を聴きに行ってみる。

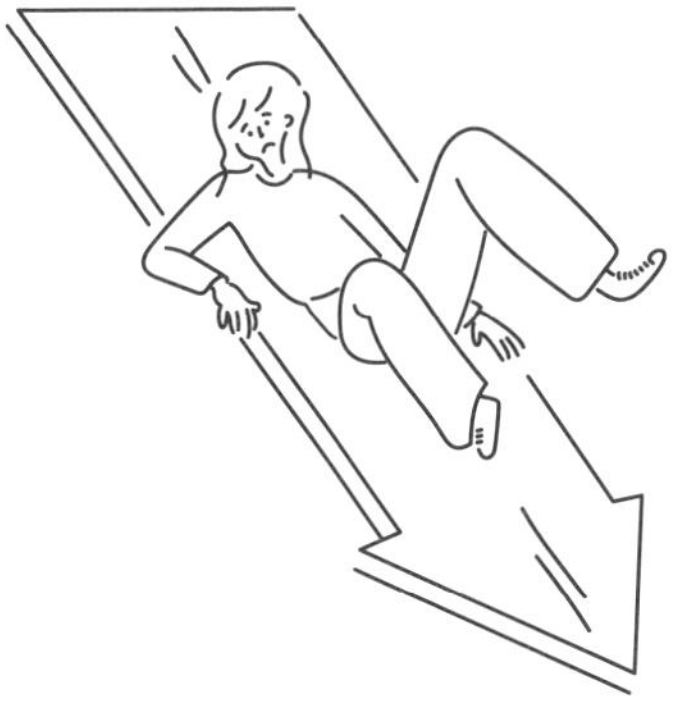

7 何かをするのに十分な状態はない

新しいことに取り組むとき、あなたはどのような気持ちになりますか？　「完璧な準備ができてから」「もっと経験を積んでから」「今はその時期ではない」と思い、行動を先延ばしにすることはありませんか？

園長から「今度こんなことに取り組んでみよう！」という話があった際、「まだ経験が足りない」「もう少しクラスの状況が落ち着いてからにしよう」と先延ばしにしたくなったことはありませんか？　また、資格取得などに興味をもっても、「時間がとれるようになったら」「リーダー的な立場になったら」と後回しにしてしまうこともあるかもしれません。

実際にその「〜したら」のタイミングが訪れたとき、本当に行動に移せるでしょうか？　「〜をしたい」と思ったその瞬間こそが、そのタイミングではないでしょうか。

多くの場合、「〜したい」という気持ちはあるものの、あれこれやらない言い訳を考えて、「〜したら」という条件づけをしてしまいます。しかし、**何か新しいことを始めるのに「完璧な状態」など存在しません**。いつやっても必ず何かが不足しているのです。

以前、園で新しい玩具《がんぐ》を購入した際、あるクラスだけはなかなかそれが保育室に登場しませんでした。担任の保育者に尋ねてみると、「新しい玩具が入ると子どもたちが混乱するから」「取り合いになるから」「今の玩具で遊べているから」という理由でした。そして、「子どもたちがもう少し落ち着いてからにしようと思っています」とのことでした。

しかし、大人が思っているよりも、子どもたちは自分で考え行動することができますよね。紆余《うよ》曲《きょく》折《せつ》あって、その玩具はかなり遅れて登場することになったのですが、どんな結果になったかというと、担任保育者が心配していたようなことは起こらず、夢中になって遊ぶ子どもたちの姿がありました。

物事を始めるのに完璧な状態で始められることはありません。大切なのは「どのようにするか?」「どのようにしたら実現できるだろうか?」と考えることです。「完璧な状態が整ったら」と考えていると、最初の「〜したら」が満たされても、別の「〜したら」が生まれ、いつまでもスタートできません。こうした**無限ループから抜け出すためには、やりたいと思ったその瞬間に、勇気を出して一歩を踏み出すことが重要**です。

本書を手に取ったあなたは、「変わりたい」「始めたい」「チャレンジしたい」という意志をもっているはずです。それは、新しい何かに挑戦したいというあなた自身の思いに耳を傾けている証拠でしょう。だからこそ、「〜したら」という条件を設けるのではなく、可能性に向かって、果敢に一歩を踏み出してみてください。完璧な準備を待つより、行動を起こすことで新たなチャンスが開けるはずです。

今日からできるアクション!

- □ 物事を始めるのに完璧な状態などないと思う。
- □ あれこれ考える前に宣言したり申し込んだりして、方法は後から考える。
- □ 今の環境で、とにかくできることから始める。

8 未来が過去を意味づける

保育者の中には、リーダーになりたがらない人が多いと感じているのですが、さてあなたはどうでしょうか。よく耳にするのは「私は現場が好きなんです」という言葉。保育者である以上、そう思うのは自然なことかもしれません。しかし、その背景には「私はリーダータイプじゃない」「リーダーとしての経験がないから無理だ」という思いが隠れていることも少なくありません。

保育者という仕事は、単に子どもが好きだからやっている職業でも、子どもと遊んでいるだけの職業でもありませんよね。子どもを見て、どうしたらいいかと考え、クラスをまとめたり環境をつくったりしているはずです。つまり保育者はすでに、リーダー的な役割をしているといえるのではないでしょうか。**保育者はみな、リーダーとしての素質を十分にもっている**のです。

以前、主任を打診されて躊躇《ちゅうちょ》している保育者がいました。彼女は「リーダーなんてやったことないし、向いてないと思います」と言いました。しかし、彼女は子ども同士の関係性もとらえながら、適切なタイミングで声をかけたり励ましたりして、とても良いクラスづくりをしていました。私は「そんなクラスづくりができるあなたは大丈夫」と伝えました。

しかし、彼女は「子どもたちに対してはできるけど、大人に対しては自信がない」と言いました。大人の前でリーダーシップを発揮できないと感じるのは、「前はうまくいかなかった」「経験がないから不安だ」など、過去の経験に基づく自己評価が原因かもしれません。

多くの人は、「過去○○だったから、これからも○○だ」と考えてしまいます。しかし、**過去が未来を決定づけるのではなく未来が過去の出来事を意味づける**のです。

「あの失敗があったからこそ今の自分がある」と感じた経験はありませんか？　失敗したそのときは、「また失敗した」「次も失敗をするかも」と思ったかもしれません。しかし、実際はどうでしょう。失敗が繰り返されるどころかそれを克服し、意味ある失敗になっているはず。つまり、過去の失敗イコール未来の失敗ではないのです。

「今まで○○したことがないから無理だ」ではなく、一歩踏み出してみませんか？　困ったら助けを求めればいいわけです。過去は、あなたの可能性や未来と関係ありません。過去と未来は同じではなく、未来は今からつくるもの。そんな心がまえで次章以降を読み進めてみてください。

今日からできるアクション！

- ☐ あの失敗があったからこそ今の自分があるというエピソードを思い浮かべる。
- ☐ 失敗は「失敗」ではなく「うまくいかなかった」ととらえる。
- ☐ 「できない」ではなく「どうやったらできるか」を考える。

第2章
ベクトルを自分に向ける

9 過去と他人は変えられない

保育はチームで行うものですが、チームメンバーはそれぞれ異なる価値観や考え方をもっています。その多様性は保育の質を高める力になりますが、時には問題や困難を生み出すこともあります。

そんなとき、私たちができることは何でしょうか？

たとえば、同僚が「挨拶《あいさつ》が少ない」「いつもぶっきらぼう」と感じられる行動をしていたら「なんであの人はあんな態度なんだろう」と悩むことも少なくありませんよね。

多くの場合、「Aさんの考えはおかしい」「Bさんの行動は良くない」と感じて、相手を変えようとしたり、変わらない相手を責める気持ちが生まれてしまいます。しかし、**過去を変えられないのと同じように、他人を変えることもまた難しい**のです。

相手の反応は、自分自身の態度を鏡のように映し出しているともいわれます。以前、挨拶をほとんどしない同僚がいました。はじめは「挨拶をしないなんてどういうことだ！」とイライラすることもありました。しかし、「相手を変えるのではなく、まずは自分の態度を変えてみよう」と、彼女に「〇〇さん、おはよう！」と、名前を呼んで挨拶をするようにしました。最初はぎこちない反応でしたが、数週間後、彼女の挨拶が少しずつ変わっていきました。相手を変えようとする前に自分が変わることで、関係性に変化が生まれたのです。

さて、あなた自身が一輪の花と考えてみてください。このとき、ミツバチに「私の花粉を持って行きなさい」と強要してもうまくいかないですよね。しかし、あなた自身が美しく咲き誇ることで、ミツバチは自然と寄ってくるはずです。

他人を変えるよりも、自分自身が変わるほうがはるかに効果的であり、早いのではないでしょうか。他人を変えることに躍起になると、あなた自身のストレスや不満にもつながります。しかし、**自分自身に焦点を当てることで、心の平穏を保ち、ポジティブなエネルギーを持続させることができる**はず。そして、相手は心を開いたり、周りにも良い変化が生まれるのではないでしょうか。自分が先に変わることで、周囲の環境や人々の態度も変わっていくのです。

過去と他人は変えることができませんが、未来は自分の手で変えていくことができます。その過程で得られる心の平穏は、たしかに保育の質につながっていくことでしょう。

今日からできるアクション！

- ☐ 自分から積極的に挨拶をし、相手との関係を少しずつ変えていく。
- ☐ 相手の行動に「ありがとう」を伝え、ポジティブな関係を築く。
- ☐ 他人を変えようとするのではなく、自分自身の態度や言動を見直して行動する。

10 裁く心に向き合う

「なんで報告してくれなかったの?」「なんで動いてくれないの?」「また同じことしてる!」というように、保育現場では、日々の忙しさの中で、感情が揺さぶられることも少なくありません。些細《ささい》なミスやコミュニケーションのズレが重なり、イライラやモヤモヤが積もっていくこともあるのではないでしょうか。

ここで見つめてほしいのは、そのとき、あなたの心の中で何が起こっているか、ということです。

運動会準備の際、運動会担当の保育者が積極的に動いていないというケースがありました。周囲がその担当者をカバーするかのように、あれこれ準備を進めつつ、内心「どうして担当者なのに動かないんだろう」とモヤモヤ、イライラしている様子も伝わってきました。

こんなとき、心の中で「良い」「悪い」を判断し、相手を「裁く」気持ちが生じていませんか。「保育の準備をいつも他人任せにするあの人はずるい」「あの人の言い方は悪い」というように、「裁いて」いませんか。

人を「裁く」気持ちをもった瞬間、相手を責めるだけでなく、その思いが頭の中でグルグル回り始めて、心の中にネガティブな感情を充満させ、心が不健康になったように感じるはずです。相手を「裁く」ということは、あなた自身の心をも傷つけ、不愉快な思いにしているのです。ですので、**「裁く」**

「責める」気持ちにしがみつくことは、結局あなた自身がそこにとらわれてしまうということです。

だからこそ、相手にモヤモヤを感じているとき、自分は相手を「裁いていないか?」と内省したり、「自分は人を裁くほど完璧なのだろうか?」「裁判官になっていないだろうか?」と問いかけてみてください。

保育の現場は、チームワークで成り立ちます。バックグラウンドの異なる人たちでチームをつくっているからこそ、考えや行動に多様性が生まれ、それを活かすことで協創につながります。一方で、考えや行動の多様性を認めずに「裁き」始めたとき、チームはギクシャクし始めます。

あなた自身の態度や行動が変われば、自然と周囲の環境も変わっていきます。他人を裁くのではなく、協力し合う姿勢をもつことで、保育現場でより良いチームワークが生まれるでしょう。「裁く」心を手放し、チームの一員としてどのように貢献できるかを考えて行動してみてください。

誰かを「裁く」気持ちが生じてきたら、次のように考えてみましょう。

今日からできるアクション!

- □ 私は裁いていないだろうか? と振り返る。
- □ 私は裁くほど完璧なのか? と振り返る。
- □ 相手を裁くことは自分の心も傷つけていることに気づく。

11 苦手な人が成長に導く

保育は個人ではなく、同僚と協力しながら進めますよね。だからこそ、保育と子育ての大きな違いは、保育は「チーム」で行うところにあるといえます（家庭での子育ても家族や地域というチームで進めることは大切ですが、チームメンバーの人数が圧倒的に違ってきます）。

チームで行う場合、保育者それぞれの性格や考え方、経験なども違うため、すれ違いや誤解、意見の対立が生じることもあるでしょう。

「私の園では問題なんて起きていない」と思っていても、誰かが自分の意見を言わずに我慢していたり、不満を抱えていたりするかもしれません。

保護者にも当然、多様性がありますよね。理解や共感を示していただける保護者ばかりではなく、園の意図や保育方針に納得してもらえないこともあるでしょう。それでも、私たちはさまざまな人たちとかかわりながら、保育を進めていかなければなりません。

そんな中、「この人は苦手だな」と感じる同僚や保護者に出会うこともあると思います。そして、「今は話したくないな」「できることならかかわりたくないな」という気持ちになるかもしれません。

しかし、苦手な人と働くことは、人間的な成長につながります。というのも、あなたが苦手と思う人や毛嫌いする人は、大抵、あなたの常識では考えられない考え方や言動をする人のはず。つまり、あなたが大切にしている部分が違うからこそゾワゾワするわけです。ただし、いつまでも**自分と同じような人とばかり接していても成長につながりません**よね。

今のあなたがあるのは、これまで多様な考えや行動に触れてきたからではありませんか？　それらがあなた自身の経験となり、人としての幅をつくり、今があるはずです。子どもたちも保護者も、そんな幅のあるあなただからこそ、信頼できるのではないでしょうか。

つまり、**苦手な人とのかかわりには、成長のチャンスがある**のです。私自身も、以前は「話しかけないでオーラ」を出している人に対して、必要最小限のことしか言わなかったり、「もう面倒くさい！」と思ってズバッと言ったり、かかわろうとしなかったりしたこともあります。しかし、「話しかけないでオーラ」の背景には何があるんだろうと考えられるようになると、その人に合った対応ができるようになりました。

異なる人や物事に触れることで、自分の中に新しい視点や考えを取り入れることができます。異なるからこそ、学びがあるのです。苦手な人とのかかわりを前向きにとらえ、成長の一歩にしていきましょう。

「この人苦手だな」と思ったとき、次のように考えてみてください。

今日からできるアクション！

- 私がもっていなくてこの人がもっているものは何だろうか？
- この人から学べる点があるとしたらどんな点だろうか？
- この人と接することで自分はどんな成長をするだろうか？

12 自分も相手も、心の中をプラスで満たす

嫌なことを言われたり、自分の嫌な噂《うわさ》を聞いたりしたとき、あなたの心の中はどうなりますか？モヤモヤとしたマイナスな気持ちが、一気に心の中を占め始めませんか。直前までの楽しい気持ちを吹き飛ばしてしまうかのように。

人の心はそれほど器用ではないので、心の中に「マイナス」の気持ちが入ったら、それまであった「プラス」の気持ちが押し出されてしまいます。逆に、心に「プラス」の気持ちが入ったら、それまであった「マイナス」の気持ちを押し出します。嬉《うれ》しい出来事があったり、嬉しいことを言われたら、それまで心の中にあったモヤモヤが少なくなっていきますよね。

心という壺《つぼ》の中に、「プラス」と「マイナス」の気持ちが混在して入っている状態をイメージしてみてください。何かを入れたら溢《あふ》れてしまうので、何かを出さなくてはいけません。このとき**私たちの心は、入ったものと反対のものをはじき出す**のです。「プラス」を入れたら「マイナス」が出て、「マイナス」を入れたら「プラス」が出るというように。だからこそ、嫌な出来事があると、それまであった「プラス」の感情をはじき出し、心の中の「マイナス」の割合が高まっていくわけです。

さらに大事なことは、あなたは**相手の心に「プラス」と「マイナス」、どちらも入れることができる**ということ。つまり、相手の心をプラスにもマイナスにも変えていけるわけです。

さて、相手の心に「プラス」を入れるってどういうことでしょう。

たとえば、「いつもありがとう」「あなたがいてくれたからいつも助かってる」「こんなことができるなんてすごいね！」というように、感謝や承認、ねぎらうような言葉をかけるということです。あるいは、プレゼントやサプライズのほか、その人に喜んでもらうこともできますよね。このとき、相手の心の中にそれまであった「マイナス」が出ていくのです。

一方、「なんでそんなことしかできないの」と相手を責めたり、無視をしたり、相手が嫌がることをすると、「マイナス」を相手の心に放り込み、それまであった「プラス」を奪ってしまいます。人からマイナスのことを言われると自己肯定感が下がり、気分も落ちていくのは、「プラス」が放り出され、心の中が「マイナス」でいっぱいになってしまうからです。

自分も相手も、心の中が「プラス」で満たされているほうが良い仕事ができるはず。日々の保育の中で、常にこのように問いかけてみてください。

今日からできるアクション！

- □ 自分にプラスの気持ちを入れているか。
- □ 自分にマイナスの気持ちを入れていないか。
- □ 相手にプラスの気持ちを入れているか。
- □ 相手にマイナスの気持ちを入れていないか。

13 「マイナス」言葉は近所迷惑

あなたの園の休憩室や更衣室では、どんな会話が多いですか？　そうした場所での会話は、今のあなたや園の状態をよく表します。

あなたの園では、プラス、マイナス、どちらの話が多いでしょうか。前項でも書いたとおり、相手の心に「プラス」を入れると「マイナス」が出て、「マイナス」を入れると「プラス」が出ます。ですから、休憩室などでの「だるいよね」「サイアク」「あの人何なん？」といった言葉は、実はそれを耳にした相手の心に「マイナス」を入れ、「プラス」を奪っているのです。

それに、「だるいよね」と言われたとき、「私はそうでもないよ」と否定するのってパワーがいりますよね。それよりも「だよねー」と同調・共感したり、「そうなんだー」と差しさわりのない反応をするほうが楽なはず。

つまり、「マイナス」の言葉を聞いた人の心には「マイナス」が増え、「プラス」が減った状態で休憩室を出ることになるのです。

そうなんです、**不平・不満・愚痴《ぐち》は「近所迷惑」**になるのです。スカッとしたり共感してほしくて不平・不満・愚痴を吐き出しているかもしれませんが、それは相手の「プラス」を奪う行為で、チーム全体にマイナスの影響を及ぼしていくのです。

以前、給与満足度の低い園がありました。しかし、その園と同じ給与体系なのに、満足度が低くない園があり、不思議に思ってヒアリングをしてみたことがあります。すると、意外なことがわかりました。給与の満足度が低い園では、休憩室で「うちって、安くない？」と誰かが言い始め、その認識が広がっていたのです。

一方で、不満になっていない園では、子どもの話や保育の話などが中心。同じ給与条件でも、どのような会話をしているかによって、見方やとらえ方が大きく違っていたわけです。

不平・不満・愚痴を言ってはいけないということではありません。気に留めておきたいのは、不平・不満・愚痴を言ったとき、**自分はうっぷんを吐き出せたとしても、それが相手の「プラス」を奪っている**ということ。そして、**自分の発言が園の雰囲気をつくっている**ということ。

だからこそ、マイナスなことを言いたくなったら、一呼吸おいて次のように言い換え（リフレーミング）をすることをお勧めします。

今日からできるアクション！

- 疲れた　↓　今日もよくがんばった
- 問題　↓　チャレンジ
- 課題　↓　伸びしろ
- 失敗　↓　うまくいかなかった

14 ポジティブな話題は広げるのにエネルギーがいる

保育現場では、日々さまざまな出来事が起こり、何らかのコミュニケーションをとりますよね。このとき私たちが気をつけなければならないのは、ネガティブな話はすぐに広がりやすいということです。「Cさんがミスをした」「DさんとEさんは仲が悪い」「Fさんが園長に注意された」など、誰かのネガティブな噂話《うわさばなし》は、何の苦労をせずともすぐに広がっていきます。しかも、多くの人がいつまでも覚えていたりします。

一方で、ポジティブな話題はなかなか広がりにくいものです。たとえば、「園長はGさんが涙を流すほど褒めたらしい」といったポジティブな噂話は、少しは広まるものの、隅々まで広がったり、長く残ったりということはなかなかありません。

反対に、「園長はHさんが涙を流すほど注意したらしい」というネガティブな噂話は、すぐに広まるだけでなく、その後長く話題に上るのが想像できるのではないでしょうか。

ネガティブな噂話は、水が上から下へと流れるように苦労もなく広まっていきますが、ポジティブな噂話が広がるには、エネルギーもいるし、組織文化づくりが必要なのです。

ポジティブな雰囲気溢《あふ》れる職場をつくりたいのであれば、意識的にポジティブな話をたくさん伝えていく必要があります。ポジティブな話とは、子どもや保護者を含む身の周りの人たちの素敵な考え、行動、結果に関する話です。これらの話題を積極的に共有することで、職場全体が明るく前向きな雰囲気になります。

ある園では、毎日の朝礼で「昨日のポジティブな出来事」をシェアする時間を設けています。「Jちゃんのお父さんから『いつも子どもを預かってくださりありがとうございます』と連絡帳に書かれてありました」と保護者からのコメントを伝えるのもいいですよね。そうしたことを伝えられる場があることで、ポジティブなエピソードを園全体のものにすることができます。それによって他のメンバーも、自分の仕事が誰かの役に立っていると感じ、やる気が高まっていくことでしょう。

ネガティブな話を無理やりなくそうとするよりも、ポジティブな話をしたいと思えたり、ポジティブな話を気軽に出せるような場づくりをお勧めします。こうしたアクションは、職場の雰囲気をよくし、保育者自身の成長にもつながります。ぜひ日々の中でポジティブなエピソードを見つけ、それを広げる取り組みを始めてみてください。そうすることで、保育者としての成長や、組織文化づくりを支える力になっていくはずです。

今日からできるアクション！

- ポジティブな出来事を書き込めるボードをつくる。
- ポジティブな出来事を付箋《ふせん》に書いてボードに貼り付ける。
- ボードに貼られたポジティブエピソードを、職員会議などでシェアする。

15 使う言葉を自ら選ぶ

私たちは言葉でコミュニケーションをとることが多いですよね。だからこそ意識しておきたいのは、言葉はとてもパワフルな影響力をもっているということ。そして、「使う言葉を自ら選ぶ」ということです。

まず、ポジティブな言葉を使う大切さについて考えてみましょう。たとえば、けん玉の大技にチャレンジしている子どもに対して、「惜しい！　あと少しでいけそう！」と声をかけるのと、「またできなかったの?」と声をかけるのとでは、子どもが受ける印象は大きく異なりますよね。

前者のポジティブな言葉は子どもに安心感を与えるだけでなく、次の挑戦への勇気を引き出します。一方、後者のネガティブな言葉は子どもの自信を削《そ》ぎ、自己評価を低くしてしまうでしょう。**同じ場面でもどのような言葉を発するかが、コミュニケーションや相手への影響力に大きな違いをもたらす**のです。

たとえば、些細《ささい》なことで「サイテー」「サイアク」と言っていませんか?「事務書類が溜まってきた」「遅番の出勤シフトが続いた」「先輩や上司からダメ出しがあった」など、誰しも思うようにいかないことはたくさんあるはず。そんなとき、口癖のように「サイテー」「サイアク」と言ってしまっているとしたら?

しかし、それらは本当に「最も低く」「最も悪い」事態でしょうか?「最低」「最悪」という言葉が示すほど、ひどい状況であることはほとんどありません。

ネガティブな表現は、聞いた人だけでなく、自分自身の心にも「マイナス」の感情を生み出します。それが蓄積していくと、次々と「マイナス」の感情や表現が生まれてきて、心が不健康な状態になってしまいます。

感情は簡単には変えられないとしても、言葉は声帯の筋肉運動の結果です。だからこそ、「寒い」と感じるときでも「熱い」と言うことができるわけです。つまり、**使う言葉は選べる**のです。

あなたが使う言葉は、あなたの人格を表します。ネガティブな言葉ばかり使う人は、周りからネガティブな人格としてとらえられ、ポジティブな言葉を使う人は、ポジティブな人格としてとらえられるでしょう。あなたはどのような人でありたいですか？　そして、どのような人の周りにいたいですか？

使う言葉を適切に選ぶことは成長につながります。ポジティブな言葉を選ぶことで、あなたの心も健やかになり、周りにも良い影響を与えることができます。今日から、使う言葉を自ら選びましょう。もしも、ネガティブな発言をしたくなったときは、少し立ち止まってみてください。

今日からできるアクション！

- ☐ 使う言葉は自ら選ぶ。
- ☐ ネガティブなその言葉は、本当に言う必要があるのか考える。
- ☐ 別の言い方ができないか考える。

16 引き寄せの法則

使う言葉や行動を少し意識するだけで、良いことが次々と起こり始めます。それは「引き寄せの法則」と呼ばれるもので、言動には同じような言動を磁石のように引き寄せる力があるのです。

ある園で、新人保育者のKさんが「次は自然の素材を使って、子どもたちともっとダイナミックに遊びたいです」と言いました。先輩保育者のLさんは「それいいね！　何か困ったことがあったら私もサポートするから」と前向きな返事をしたところ、Kさんは自信をもって準備にとりかかったとのこと。2人のやりとりを見ていたMさんは、「自分もLさんのように答えられる保育者になりたい」と思い、その後、後輩から相談を受けた際、「いつでもサポートするからね！」と答えることができたそうです。つまり、Lさんの言動が、Mさんに影響を与えたわけですね。

もしも、Lさんが「それじゃ混乱するかもしれないし、やめたほうがいいんじゃない？」と、ネガティブな態度で応じていたらどうなっていたでしょうか。Kさんは自信を失い、「〇〇したい」と言うことをためらうようになっていたかもしれません。それだけでなく、Mさんにポジティブな影響も与えていないはずです。

つまり、Kさんに対するLさんの言動は、Mさんの言動を引き寄せたのです。

「引き寄せの法則」とは、このように同じような言動を引き寄せるということを指します。あなたの発する言葉や行動が、まるで磁石のように同じ種類のものを引き寄せるということ。**ポジティブな言動は周囲のポジティブな言動を引き寄せ、ネガティブな言動はネガティブな言動を引き寄せる**というわけです。

あなたの発する言葉や行動が、よくも悪くも周囲に影響し、それが連鎖していくのです。さて、あなたの園では、今どちらの引き寄せが強くなっているでしょうか？　そして職場にいるメンバーが、前向きな言葉を交わし、助け合える環境を引き寄せるにはどうすればよいでしょうか。それには、まずはあなたが小さなことから行動を変えてみること。それが波紋のように広がり、施設全体に良い影響を生み出していくのです。

あなたの言葉が周囲に与える影響を信じて、まずは一歩踏み出してみてください。引き寄せの法則を活用し、明るく前向きな職場に変えていきましょう。きっとあなたの行動が、周囲に広がり、大きな変化を生むはずです。

今日からできるアクション！

- □ 相手の話に耳を傾ける。
- □ 感謝を言葉にして伝える。
- □ うまくいったことを褒《ほ》めたり、讃《たた》えたりする。

17 「みんな」という言葉に要注意

「園長、みんなそう言ってます」「みんなやってます」。園内でそんな表現を聞いたり、あなた自身も使ったりしていませんか？

はたして「みんな」とは誰でしょう？　本当に「みんな」でしょうか。「みんな言ってる」と言いたいとき、具体的に誰が言っているのか名前を挙げてみてください。すると、必ずしも「みんな」ではないことに気づくはずです。つまり**「みんな」というのは、大抵、主観的なとらえ方であり、客観的な事実ではありません。**

「みんなよくがんばってるね！」とポジティブに使う場合はよいのですが、ネガティブなことで使わないようにしなければなりません。なぜなら、「みんな困っています」と言われた側は、「みんな」ではないのに「みんな困っている」と伝えられたら、的確な判断ができないからです。

メンバーの中に困っていない人もいるとしたら、「なぜその人は困っていないのか？」「何か工夫をしているのではないか？」と考え、解決の糸口が見えることがたくさんあります。それに「みんな反対です」と事実と違う表現をしてしまうことは、園が変化・進化する動きにブレーキをかけてしまいかねません。

さらには「みんな」と表現するあなた自身にとってもよくありません。「みんな○○」と表現すると、「みんな言ってるのに」「みんなそう思ってるのに」と、誰かを責める気持ちが生まれ、ネガティブな思いがあなたの中に充満してくるからです。

「みんな、○○しています！」と言いたいのは、「受け止めてもらえていない」「理解してもらえていない」「対応してもらえていない」という何らかの「不満」があるからではないでしょうか。「不満」は、「理想」と「現状」との間にあるギャップから生まれます。「理想」がないところに「不満」は生まれません。

つまり、あなたの中には「何とかしたい」「解決したい」「より良くしたい」という「理想」が存在し、それが満たされない状態にあるからこそ、「不満」として表れているはず。

だからこそ、より良くするために、「不満」として伝えるのではなく、**問題解決につながるように「私は～したい」という表現で伝える**ことが大切です。「不満」を「不満」のままぶつけても問題解決にはつながりませんよね。

問題解決への一歩として、「不満」な気持ちを表現したくなったら、次のことを意識して伝えてみましょう。

今日からできるアクション！

- □「みんな」という言葉を使わない。
- □「みんな」と言いたい「不満」の裏にある「理想」は何だろうかと考える。
- □「私は～したい」とポジティブに表現する。

18 表情は相手のもの

あなたは、自分がどのような表情をしているか意識したことがありますか？　**あなたの顔はあなたのものですが、実はあなたの表情は相手のもの**といえるのです。

私たちは鏡を使わない限り、自分がどのような表情をしているのかわかりませんよね。しかし、相手はあなたの表情を常に見ています。だからこそ、表情は相手のものだと考えてみましょう。

私たちは、子どもたちや同僚、保護者など、多くの人と接します。子どもたちはあなたの表情を見て、あなたの機嫌や気持ちを感じ取ります。笑顔で接すれば、子どもたちも安心して楽しむことができますが、無表情や怒った顔をしていると、子どもたちは不安を感じてしまうかもしれません。

また、私たちは初対面の相手であれば、相手の表情からも性格を想像しますよね。表情を見ながら話しかけるタイミングを計ったりもするはずです。つまり、日々のコミュニケーションにおいて、表情がもつ力、与える影響力はとても大きいといえるでしょう。

ある日のこと、私は同僚のNさんとのやり取りを通じて、表情の大切さを実感しました。朝の会議で、私は忙しさに追われ、無意識に険しい表情をしていました。そのとき、Nさんが「大丈夫ですか？」と心配そうに声をかけてくれました。私の表情が原因で、周りに不安を与えてしまっていたのです。

一方で、Pさんはいつもニコニコしています。私はそんなPさんの表情を見ると、安心して前向きな気持ちで仕事に取り組むことができます。Ｐさんの表情が周りに与える影響は非常に大きく、私もその姿勢を見習いたいと思うのです。

保護者とのコミュニケーションでも、表情は重要です。無表情は、冷たくて話しかけづらい印象だけでなく、自信のない印象も与えてしまいます。ですから無表情で接すると、コミュニケーションがマイナスからのスタートになってしまいます。保護者と園は子どもを育てる大切なパートナーとして、さまざまなコミュニケーションを図っていく必要があり、保護者との信頼関係を築くためにも、表情はとても大切なのです。

このように、表情は非常に大きな影響力をもつにもかかわらず、気を抜いたり、真剣になっている場面では、無意識のうちに口角が下がり、頬の筋肉が緩んで、表情がなくなっていきます。だからこそ、多くの人と接する立場にある私たちは、相手から見られていることを意識して、表情に気を配ることが大切です。そのため、**更衣室に鏡を置いて、自らの表情を確認してから勤務を始める**園も数多くあります。

今日から、あなたの表情が相手にどのように映るかを意識し、笑顔で接することを心がけてみましょう。そうすることで、あなた自身も周りの人々も、より良い環境で過ごすことができるはずです。

今日からできるアクション！

- □ 表情は相手のものと考える。
- □ 常に見られていることを意識する。
- □ 口角や頬の筋肉、眉毛などを意識的に上げる。

19 不機嫌なオーラを放っていませんか

職場で不機嫌なオーラを放ってしまったことはありませんか？　仕事をしていたら、うまくいくことばかりではありませんし、さまざまな人が集まって保育を行うのですから、当然、考え方ややり方が違うこともあり、ネガティブな感情が湧き出てくることもあるでしょう。さて、そんなときは、どのように振る舞うべきかを考えてみましょう。

やってはいけないことは、言葉で伝えずに、態度や雰囲気で表すことです。「私は反対だ」「私の考えとは違う」「私はやりたくない」「私は怒っている」といったことを、不機嫌な表情をしたり、返事をしなかったり、バタバタと音を立てて歩いたり、大きな音を立てて扉を閉めたりする姿を、これまで見たりやったりしたことはありませんか。

ある日の職員会議で、「園の行事をもっと子ども主体のものに変えていこう」と話し合った際、Qさんは、不機嫌な顔をして黙り込んでしまい、会議が終わった後、誰にも挨拶《あいさつ》をしないまま、会議室を出ていってしまいました。

なぜQさんは、そのような態度をとったのでしょうか。それは、Qさんにしっかりと自分の意見や考えがあったからです。Qさんは、それまで積み重ねてきた歴史や慣れたやり方を大切にしたいという思いをもっていました。保護者から期待されていることもわかっていたため、自分はやり方を変えることに反対だと思っていたのです。しかし、それを言葉で表現することができず、代わりに態度で表したのです。

反対意見があれば、不機嫌な態度（オーラ）ではなく言葉で表すべきです。その態度（オーラ）が、職場を良くすることはありません。

もしも、あなたの同僚が、不機嫌な態度（オーラ）で表していたとしたら、あなたはどうしますか？　そのままにしておくと、「触らぬ神に祟《たた》りなし」のように周囲がその人に気をつかったり、不機嫌な雰囲気がジワジワと広がっていく可能性がありますよね。そんなときは、その場ですかさず「どうしたの？」「どうかした？」と尋ねてみてください。もう少し踏み込めるとしたら「どうしたの？　機嫌悪かったりする？」と尋ねてみましょう。

相手は、「私は不機嫌だぞ！」と気づいてほしいからそういう態度をとっているわけですが、（他者がいるところで）面と向かって「どうしたの？」と聞かれると、なかなか答えにくいものです。そうすることで、マイナスの影響力が広がっていくのを抑えることができるでしょう。

保育者として自己成長を目指すためには、不機嫌な態度（オーラ）で表現するのではなく、言葉で伝えていきましょう。

今日からできるアクション！

- ☐ 不機嫌な態度（オーラ）ではなく、言葉で表現する。
- ☐ 不機嫌な態度の人がいたら、「どうかした？」と尋ねてみる。
- ☐ 不機嫌な態度をとっているのは何がそうさせているのか考える。

20 耳の痛いことを素直に受け入れる

あなたは、同僚や上司から耳の痛いことを言われた経験がありますか？　そのとき、どのように感じましたか？　不愉快《ふゆかい》に感じたり、反発したくなったりすることもあったかもしれません。しかし、耳の痛いことこそが、あなたの成長のカギとなるのです。

たくさんの園を経営する中で、私は多くの保育者と接してきました。その中で感じるのは、耳の痛いことを素直に受け入れられる人ほど、成長が早いということです。なぜなら、自分にとって不都合なことや改善点を指摘してくれる人は、あなたの成長を願っている人であり、その人の意見はあなたの伸びしろを表しているからです。

新人保育者のRさんは、先輩保育者から「もっと子どもたちの話に耳を傾けてみたら？」とアドバイスされました。Rさんは自分を否定されたように感じて反発しそうになりましたが、冷静になってそのアドバイスを受け止めました。

そして、自分が意見を言ってしまいそうになる気持ちを抑えて、子どもから意見が出るのを待つようにしたといいます。すると、子どもたちがたくさん意見を言うようになり、Rさんは他の保育者たちからも信頼される存在となったのです。

耳の痛いことを言ってくれる人は、あなたの成長を後押ししてくれる大切な存在です。人は誰しも自分の背中を見ることができません。**耳の痛いことを言ってくれるのは、あなたの背中についているものを教えてくれるということです。**

もしも、耳の痛い話に耳をふさいだり、言い訳をして聞き入れなかったりしたら、あなたは背中に何かをつけたまま歩き回っていることになります。つまり、耳の痛いことを素直に受け入れられるかどうかは、あなたの度量を表すとともに、成長へのきっかけになるのです。

では、耳の痛いことを言われたとき、どんな態度をとればいいのでしょう。もしも、あなたが勇気を出して耳の痛いことを伝えたとき、相手が、ふてくされたり反発したりしたら、次から言いにくくなりませんか？

つまり、**ふてくされたり反発したりするような態度をとることで、せっかくの成長の機会を逃してしまう**ことになるのです。反対に、アドバイスを素直に受け取り、感謝の気持ちを表せば、その後も大切なことを伝えてくれ、あなた自身の成長につなげていくことができるわけですね。

今日からできるアクション！

- ☐ 耳の痛いことを言われたときは、まずは受け止める。
- ☐ 自分の言動がどのように見えているか、冷静になって考える。
- ☐ 自分の行動や考え方を振り返り、改善点を見つける。

21 言葉で伝える

あなたは日々、相手をしっかりと承認していますか？　これまでたくさんの保育者と接してきましたが、承認の力は本当に大きいと感じています。

承認には大きく分けて三つの種類があります。それは**「存在の承認」「行動の承認」「結果の承認」**です。これらを理解し実践することで、保育現場でのコミュニケーションは劇的に変わるでしょう。

まずは、相手がそこにいるだけで価値があると認める「存在の承認」です。たとえば、「あなたがいるから安心できる」「あなたの存在にいつも元気をもらう」というように、相手の存在そのものを尊重し、感謝する気持ちを伝えることです。そして、**心の中で思っているだけではなく、言葉でしっかりと伝えることが大切**です。

働き始めたばかりの新人保育者は、毎日が不安や緊張でいっぱいでしょうし、まだまだできることも多くありませんよね。しかし、毎朝「来てくれてありがとう」と声をかけられたら、前向きな気持ちになっていくと思いませんか。

次は、相手が起こした行動の努力やプロセスを認める「行動の承認」です。結果の善し悪しは関係ありません。してくれたことそのものを承認するのです。

初めて運動会の担当となった保育者Sさんは、同僚と協力しながら、当日に向けて準備を進めていきました。しかし、初めてでわからないことも多いSさんは、準備が遅れがちな同僚にイライラした態度をぶつけてしまいました。しかし、そんなSさんに園長は「責任感をもって進めてくれてありがとう」

と伝えたのです。そのうえで「イライラした態度になってしまったのはどうしてだと思う？　どうしたらよかったのかな？」と問いかけました。

イライラをぶつけたこと自体（結果）は、好ましいことではありませんが、一生懸命やろうとしていた責任感の裏返しともいえ、園長はそのプロセスを承認したのです。だからこそ、Sさんは自分が否定されていると感じずに、その後の指摘を受け入れることができました。

最後に、相手が達成した結果や成果を認める「結果の承認」です。これは三つの承認の中でもわかりやすいものですよね。結果を承認されることで、自信にもつながっていきます。

このように、承認には3種類あり、どれも思っているだけではなく言葉などで相手に伝えることが大切です。思っているけれど伝えられていないとしたら、もったいないですよね。承認は、相手とのコミュニケーションや信頼関係の基盤をつくっていくもの。ぜひ恥ずかしがらずにたくさん承認していきましょう。

今日からできるアクション！

- □「〇〇さん、おはようございます」と、名前とともに挨拶《あいさつ》する（存在の承認）。
- □何か行動を起こしたとき、その努力を具体的に認める言葉をかける（行動の承認）。
- □相手が達成した結果や成果を見逃さずに、感謝や称賛の言葉を伝える（結果の承認）。

22 何を言うかではなく、誰が言うか

正しいことを言われているのに、何だか響かないことってありませんか？　あるいは、正しいことを言っても相手に響いていないと感じたことはありませんか？

私はこれまで、言葉というのは「何を言うか」以上に「誰が言うか」が非常に大事だと感じる場面にたくさん出会ってきました。日頃、子どもに丁寧に寄り添っていないと感じる同僚保育者から、「子どもに寄り添おう」と言われても、しらけてしまいますよね。私たちは、内容が正しいかどうかだけでなく、相手がそれを言うにふさわしい行動をしているかどうかもセットで言葉を受け止めています。そして、「この人が言うんだったらそうだな」「この人が言うんだったらそうしよう」という気持ちになるのです。

「子どもの声を聴いて、子どもと一緒に保育をつくっていけばいいんだよ」と明るく話す保育者Tさん。そんな彼女は、彼女が話すとおり、子どもと対話し、子どものやりたいことを一緒になって、楽しそうに実現していく保育実践をしています。日頃からそんな実践をしている彼女だからこそ、彼女の言葉は周りに勇気を与えるし、「私もやってみよう」「私もできるかも」「やりたいな」と思わせてくれます。

「整理整頓しよう」と言われても、その人が保育室を乱雑にしていたら？

「同僚と仲良くしよう」と言われても、その人が相手をけなすようなことを言っていたら?

「保護者に丁寧に接しよう」と言われても、その人が粗雑な言葉遣いをしていたら?

どれも相手には響かないばかりか、「あなたが言うの?!」と思われてしまいますよね。

約束を守ることも重要です。あなたが約束を守ることで、周りの人たちはあなたを信頼し、あなたの言葉に耳を傾けるようになります。信頼できる人からの言葉と、信頼できない人からの言葉、さてあなたはどちらの影響を受けますか。もちろん、信頼できる人からの言葉ですよね。

このように、**物事を伝える際は、何を言うかではなく、誰が言うかも大事**なのです。あなたが日々の行動を見直し、**人への接し方、約束を守ることを意識することで、あなたの言葉は重みをもち、相手に響くようになる**はずです。

日々の言動が、伝えたい内容をたしかなものにするのです。


今日からできるアクション!

- □ 有言実行する。
- □ やるべきことをちゃんとやる。
- □ 約束を守る。

第3章

気持ちと感情をコントロールする

23 見方を変える

もしもあなたが、次年度のクラス配置として乳児クラスを希望していたのに、幼児クラスになったとしたら、どう思いますか？　ショックを受けたり、なんで？　と思ったりするかもしれません。

こんな話があります。靴を売る会社の営業マンが2人、未開の地に海外赴任を命じられました。現地に到着して彼らが見たのは、誰も靴を履いていない光景。1人は「こんなところで靴が売れるわけがない」と思いました。しかし、もう1人は「これは売りたい放題じゃないか！」と思いました。

同じ状況を見ても、さまざまなとらえ方ができるということです。この例の場合、どちらの営業マンが靴を多く売ることになるでしょう。もちろん、「売りたい放題だ」と思った営業マンですよね。

冒頭の例のように望んでいないクラス配置になったら、残念な思いになるかもしれません。しかし、他にはどんな見方ができるでしょうか。成長の機会になるかもしれませんし、新たな出会いがあるかもしれません。

保育の場面で思うようにいかないとき、別の見方はできないだろうか？　と考えてみてください。お勧めの方法は、**「ちょうどいい」という言葉で考え始める**ことです。

作成したデータが消えてしまったとき、「サイアク」ではなく「ちょうどいい、もっといいものができるかも」と考えることもできます。誰もがやりたがらない行事の担当になったとき、「なんで私が？」ではなく「ちょうどいい、自分がやりたいと思っていた内容にできるかも」と考えることもできますね。園長に急な仕事を頼まれたとき、「えっ、今ですか？」ではなく「ちょうどいい、自分の力を試せるかも」というように。

中には、「無理やり、ポジティブに考えるなんてしんどい」と思う人もいるかもしれません。しかし、どちらにせよ、やらなければならないんですよね？　同じやるにしても、ブツブツ不平や不満を言いながらやるのか、「ちょうどいい」と見方を変えてやるのか、どちらが良い結果につながるでしょう。そして、どちらがあなたの心の健康が保たれるでしょう。

うまくいかないことに出会ったとき、「ちょうどいい」という言葉を使って、別の見方を無理やりにでもつくり出してみましょう。その後の考え方や行動が、間違いなく変わるはずです。

今日からできるアクション！

- □ 他の見方ができないか考える。
- □ 「ちょうどいい」で考えてみる。
- □ 心の健康が保たれる考え方を選ぶ。

24 失敗は成功のもと

あなたは、何かに失敗したとき、どんな気分になりますか。誰にでも失敗はありますが、その受け止め方で、自身の成長の仕方が大きく変わります。

私にもたくさんの失敗があります。園長になりたての頃、それまでの行事のあり方を子ども主体のものに変えたいと思いました。そして、詳しい説明もせずに（私はしていたつもりでも、受け手にとっては詳しくなかったわけです）進めてしまったため、大きな戸惑いが生まれました。

私は「しまった」「どうしてだろう」とたくさん悩みましたが、その出来事から丁寧に理由を説明することや、相手の意見を聞いたり受け止めたりする大切さを学びました。そしてその後は、子ども主体の行事へとつながっていったのです。

つまり、「失敗」は失敗ではなく、そこから教訓を得れば、次につながっていくのです。**「じゃあ次はどうしたらいいか」と考えることで、次への肥やしとなる**のです。

反対に、「失敗」しないということは、実はできることだけをやっているということかもしれません。**新しいことにチャレンジするからこそ、失敗がある**のです。

たとえばある園では、例年行っていたクラス懇談会を、もっと和気あいあいとしたものにしたいと思っていました。それまでは保育者が一方的に話しかけるスタイルで、保護者同士の対話が生まれづらく、硬い雰囲気だったとのこと。

そこで、もっと楽しいクラス懇談会にしようと内容を変え、アイスブレイクを入れたり、対話のテーマを決めて行いました。しかし、一部の保護者から「これまでと突然変わって戸惑った」という意見をいただいたのです。

この保護者会は「失敗」だったのでしょうか。その後の振り返りで、「事前に内容の変更をお知らせしておけばよかった」「テーマをお伝えしておくとよい」「心の準備ができるよう保護者にあらかじめ意見をまとめてきていただくとよいかも」と、さまざまな教訓を得ることができたのです。それらを踏まえた次のクラス懇談会は、まさに和気あいあいとしたものになりました。

つまり、チャレンジをしなければ変化や進化、課題を見つけることもないということです。

「失敗」を「失敗」ととらえてしまうと、次への教訓を得る前にあきらめてしまったり、あなた自身の自己肯定感を下げてしまいます。何か「失敗」と思うような出来事に向き合ったとき、次のように考えてみてください。

今日からできるアクション！

- ☐ 失敗は成長へのチャンスと考え、次にどう活かすかを考える。
- ☐ うまくいかなかったときは、同僚や上司にアドバイスを求め、改善点を明らかにする。
- ☐ 定期的に自分の行動を振り返り、何がうまくいかなかったのか、どうすれば改善できるのかを考える時間をもつ。

25 コントロールできるところに集中する

日々過ごしていると、うまくいくこともあれば、うまくいかないこともありますよね。同僚との関係、子どもたちとのかかわり、保護者とのコミュニケーションなど、多岐にわたる問題に頭を悩ませることも少なくありません。

これまで、たくさんの園長や保育者と接してきた中で感じるのは、気持ちの切り替えのうまい人は成長するということです。では、気持ちの切り替えがうまいとはどういうことでしょうか。それは、**コントロールできることに集中する**ということです。

Aさんは、子どもたちの噛《か》みつきやひっかきに頭を悩ませています。この日も、Aさんが少し目を離した瞬間に、噛みつきが起こってしまいました。「しまった」と思ったAさん。しかも噛みつかれたのは、なぜか最近、頻繁に噛みつかれているBちゃんです。「またですか」という保護者の顔も目に浮かびます。このときAさんがコントロールできないことと、できることは何でしょうか。

◍コントロールできないこと

・起きてしまった事実

・部屋の構造

・子どもや保育者の人数

・保護者の感情

◍ コントロールできること

・保育室の環境構成を変えること
・保育者同士の連携を図ること
・園長や主任、同僚に相談すること
・保護者への説明の仕方

「噛みつき」という起きてしまった事実や部屋の構造など、Aさんがコントロールできないことに悩んでいるより、保育室の環境構成や保護者への説明の仕方など、コントロールできることに集中するほうが、問題解決に近づくはずです。

このように、気持ちの切り替えがうまい保育者は、コントロールできることに集中し、行動につなげていきます。一方で、気持ちの切り替えがうまくない保育者は、コントロールできないことに集中し、モヤモヤが頭の中をグルグル回り続けます。

さらに、コントロールできる範囲に集中することは、周囲にも良い影響を与えます。「じゃあ、どうしたらいいだろう」と次へのアクションやポジティブな文化につながるからです。

有名な言葉に、「**過去と他人は変えられないが、未来と自分は変えられる**」というものがあります。コントロールできないことに悩むのではなく、自身でコントロールできる自分と未来に注力しようということ。物事のとらえ方、言葉遣い、行動を変えていくことで、未来が変わっていくのです。

今日からできるアクション！

- ☐ 問題が起きたときは、コントロールできることは何かを考える。
- ☐ コントロールできないことには悩まず、コントロールできることに集中する。
- ☐ コントロールできることに対して、具体的な改善策を考える。

26 主体的な人になる

誰もが心身ともに健やかに過ごしたいと思っているはずなのに、同僚との関係や保護者とのやり取り、子どもたちへの対応など、さまざまなことが頭の中を占めていたりしませんか。

ある日、保育者のCさんが相談に来ました。彼女は同僚のDさんが仕事をサボっていると感じていて、そのことが気になって仕方がないと言いました。そしてそのDさんへの不満は、Cさんの大きなストレスとなっていました。

こうした状況のとき、CさんはDさんへのイメージに「支配」されているといえます。その問題にCさんの心が囚われてしまっているということです。これでは、心が健やかとはいえませんよね。ではどうしたらいいのでしょう。

人には「主体的な人」と「反応的な人」がいます。「主体的な人」は、どうしたらうまくいくかを考え、前向きに行動します。一方、「反応的な人」は、状況や人から言われたことに振り回され、それらに自分の気持ちが揺さぶられてしまいます。

職場だけでなく帰宅してからもDさんのことで頭がいっぱいになっているとしたら、とてももったいないですよね。Cさんの大切な時間がDさんのイメージに「支配」されているわけですから。だからこそ、環境に振り回される**「反応的な人」になるのではなく「主体的な人」になる**ことが大切です。

私はCさんにDさんの言動を**「問題」としてとらえるのではなく、「前提」としてとらえる**ことを提案しました。するとCさんは、Dさんの視点や意図を理解しようとしたり、どうしたらいいかと考え始めました。そしてDさんと直接話すアクションをとったのです。するとDさんはサボっていたわけではなく、「どうしたらいいかわからなかった」「でも、わからないことを聞けなかった」ということがわかったのです。

「問題」を「問題」としてとらえていたら、「なんでDさんはやってくれないのか」「Dさんはずるい」といった考えから抜け出せなかったかもしれません。しかし、「前提」として考えることで、「反応的な人」ではなく「主体的な人」になり、「じゃあどうしたらいいか」と考え、行動に移していったのです。

「反応的な人」ではなく「主体的な人」であることは、心身ともに健やかでいるうえでとても大切なのです。

今日からできるアクション！

- ☐ 悩みを抱えたとき、「私は何に囚われているのだろうか」と考える。
- ☐ 自身が反応的になっていないか振り返る。
- ☐ 「問題」を「前提」としてとらえ、どうすればうまくいくかを考え、行動に移す。

27 問題は「ギフト」

あなたは問題が起きたとき、どのように感じますか？　イライラしたり、落ち込んだりすることもあるでしょう。私は、問題を「ギフト」としてとらえることが大切だと考えています。なぜなら**問題は、自分自身やチームに気づきや成長の機会を与えてくれるきっかけになる**からです。

たとえば、こんなことがありました。ある朝、電車が事故で遅延し、早番職員が時間どおりに出勤できない事態になりました。早番職員の2人は何とかしようと調整したものの間に合わず、結果的に子どもと保護者が10分ほど玄関の前で待つことになってしまいました。出勤前の慌ただしい時間にとって、10分という時間はとても貴重で、大変な迷惑をおかけすることになってしまったのです。

つまり、「問題」が発生したわけです。

しかし、この「問題」によって、メンバーは気づきを得ました。同じ路線の職員で早番を組むのは避けたほうがいいのではないか。電車と電車以外（徒歩・自転車）の職員でペアになるのがいいのではないか。問題が発生したときの管理職へのホウレンソウが徹底されていないのではないか、といったものです。

こうした気づきから、この園では早番のシフトや連絡体制のあり方を見直していきました。つまり、「問題」は改善への「ギフト」だったのです。

「問題」への対応を迫られている状況では、「問題がギフトだなんて、そんな悠長なことは言っていられない」「気休めだ」と思うかもしれません。しかし、「問題」をどうとらえようとも対処しなければならないことに変わりはありません。どのみち対応するのなら、より解決や成長につながるようなとらえ方をするほうがいいですよね？

だからこそ、「問題」を「ギフト」としてとらえるのです。そうすることで「問題」への向き合い方が変わり、次のアクションも変わります。**「問題」が起きたとき、「これは何のギフトだろう」と考えることで、ポジティブな視点をもつことができる**のです。そして、そうした姿勢は、あなただけでなく、チーム全体の成長にもつながります。

これまでも「問題」はあなたを成長させてきたはず。そしてこれからも、「問題」が私たちを成長させてくれるのです。

今日からできるアクション！

- □ まずは冷静に状況を分析し、「これは何のギフトだろう」と考える。
- □ 同僚とオープンなコミュニケーションをとり、問題の背景を理解する。
- □ 問題を解決するための具体的なステップを立て、実行に移す。

28 やまない雨はない

保育現場での仕事は楽しいことだけでなく、大変だと思うこともありますよね。私もこれまで、さまざまな大変なことに向き合ってきました。職員不足で募集をかけても応募者が来ず、疲弊《ひへい》した日々が続くこともあると思います。私もかつて、同じような状況に直面しました。

あるとき、退職が重なり、急に職員不足の状態になってしまったことがあります。慌てて求人をかけるも、なかなか応募がありません。職員はカバーし合いながら、一生懸命保育を進めるのですが、どんどんと疲労が溜まり、雰囲気も暗くなっていきました。

しかし、やるしかありません。園長である私は、方方手を尽くして求人活動をし、今どういった求人活動をしているのか、職員に具体的に伝えていきました。そして、園長として「必ず今の状態を打破したいと思っていること」「そのために考えられるアクションは何でもとっていること」を伝えていきました。

なぜこのようなことを伝えたかというと、大変な状況にあるとき、人は物事をネガティブにとらえやすくなるからです。「いつまでも採用されない」＝「園長は動いていない」「実は園長はこのままでいいと思っている」という気持ちになってもおかしくはありません。だからこそ、しっかりと情報を伝えていこうと思ったのです。

ありがたいことに、苦しい中でも職員同士でカバーし合い、声をかけ合って保育を進めていきました。大変な状況が続きましたが、最終的には応募から採用につながり、何とかその事態を乗り越えることができました。大切だったのは、時を止めずに前に進むことでした。

複数の人が集まれば、良いこともそうでないことも起こります。同僚や先輩、後輩、上司との人間関係に悩むこともあるでしょう。保護者との関係に悩むこともあると思います。「いつまでこれが続くのだろう?」「いつまで耐えたらいいのだろう?」「こんなに苦しい思いをする意味はあるのだろうか?」など、さまざまな悩みが出てくるかもしれません。

しかし、どんなに大変なことや悩むことがあっても、やまない雨はありません。出口のないトンネルもありません。**いつか必ず雨はやむし、トンネルを抜け出すことができます。**そのとき、一回り大きくなった自分がいるはずです。そして、「自分たち、本当によくがんばったね」「そんなこともあったよね」と笑顔になれる日が必ず来ます。

大切なのは、**時を止めず、前に進む**ことです。時を止めなければ雨はやみ、前に進んでいれば必ずトンネルの出口に近づいているのです。

今日からできるアクション!

- ☐ 今できることに集中する。
- ☐ 今あるものに感謝する。
- ☐ 困難な状況をチャンスととらえる。

29 ネガティブイメージとの付き合い方

この世界は「思い込み」でできているといっても過言ではありません。どういうことかというと、起きた事実をどうとらえるかは人それぞれであり、そのとらえ方がその人の「世界」をつくっているということです。

あなたの周りにも、ポジティブ思考の人がいますよね。同じ世界に住んでいても、その人から見える世界は、きっと明るくチャンスに溢《あふ》れているでしょう。反対に、何事にもネガティブ思考の人が見ている世界はピンチに溢れているかもしれません。これは園という場所においても同様です。

ある園で、日々たくさんのことを質問してくる保護者がいました。質問内容はとても細かく、表情や言い方もきつい方だったので、保育者も園長も、その保護者が自分たちを責めるために重箱の隅をつついているように感じていました。

しかしあるとき、「このお母さんは、わからなくて不安だから聞いてきているんだ」ととらえ方を変えてみました。というのも、別の園から転園されてきたばかりだったからです。そう思って接していったところ、そのお母さんの言動が驚くほど変化し、園のサポーターのような存在になっていったのです。

またあるときは、保育者からこんな相談を受けました。「園長に挨拶《あいさつ》をしても返してくれない。自分は嫌われている」と言い、園長との関係に日々悩んでいるようでした。私が園長にその話をしてみると、園長にそんなつもりはまったくありませんでした。ただ、日々の仕事に加えて、家庭でも大変なことが続き、気持ちがいっぱいになっていたのです。

そこで、園長はその保育者と丁寧に向き合ったことで、彼女はまた健やかに仕事をし始めました。

これらの事例からいえるのは、**見ている世界は、すべて自分のとらえ方、つまり「思い込み」でできている**ということです。だからこそ、別の見方はできないかと考えてみることが大切なのです。

しかし、頭ではわかっていても、ネガティブなイメージを払拭《ふっしょく》できないこともあるでしょう。そんなときは、ネガティブに感じていることを紙に書き出した後、その紙をくしゃくしゃにしてゴミ箱に捨ててみてください。たったこれだけの行動で、それまで抱いていたネガティブなイメージがフラットになるのを実感するはずです。

それぞれの事実に対してもつイメージが、次のアクションに影響を及ぼします。ネガティブなイメージに囚われず、フラットな視点から物事をとらえ、次の行動をより建設的なものにしていきましょう！

今日からできるアクション！

- ☐ 自分の考えは「思い込み」になっていないか考える。
- ☐ 別の見方ができないか考える。
- ☐ ネガティブに感じていることを紙に書いてくしゃくしゃにして捨てる。

30 イライラして眠れないときは

あなたは夜、布団に入ってから、イライラしたり、不安になったりして眠れないことはありませんか？　保育現場での出来事や人間関係が頭をよぎり、なかなか眠りにつけないことがあるかもしれません。しかし、その悩みは布団の中で考えて解決する問題でしょうか？

保育者のEさんは、やる気があるように見えないFさんについて悩んでいました。「Fさんは、言われたことだけをして、進んで動く姿が見られない」「保育を振り返ることもなくミスが多い」「そんなFさんをいつもフォローしているのは私」と思っていました。そんなとき、Fさんが「Eさんの進め方が強引でやりにくい」と園長先生に話しているらしいという噂《うわさ》が耳に入ってきました。

その日の夜、Eさんは、布団に入ってもFさんの顔が目に浮かび、嫌な気持ちが湧き上がってきて、なかなか眠れませんでした。

しかし、考えてみてください。その問題は布団の中で考えて解決するでしょうか？　こういう場合、ほとんどは解決策ではなく「なんであの人は○○なんだ」といった恨み節が頭の中をグルグル回っていることが多いはず。仮に解決策が思い浮かんだところで、そんな夜中にFさんや園長に電話することもメッセージを送ることもできません。

それに、Eさんが布団の中で悶々《もんもん》と悩んでいる一方で、Fさんは、Eさんが眠れずにいることも知らずに「スースー」寝ていると思います。つまり、Eさんだけが眠れないくらい悩んでいるのです。

これと同じことが、あなたの日常でも起きていたりしませんか？　そうだとしたら、それは何だか悔しくないですか？　なぜなら、あなたを悩ませている「相手」は、日中だけでなく、夜寝るときですら、あなたの頭の中に陣取っているからです。それならば、さっさと寝てしまうほうが、心身ともに健康的ですよね。

そのためには、**布団の中で考えても解決しないことは考えないようにする**ということです。そして、どうしたら悶々としたことに囚われずに眠れるかというと、まずリラックスして寝られるように環境を整えることが大切です。避けたいのは、寝る直前までスマートフォンを見ることです。私たちの脳は、画面の光を間近で見ることで、昼と錯覚してしまい、睡眠に誘《いざな》うホルモンの分泌を抑制します。これでは、いろいろなことを考えてしまっても無理はありません。

そして、意識を別のところに集中させるために、呼吸を意識しましょう。腹式呼吸はリラックスや心地よい睡眠へのカギを握ります。へその下あたりに意識を集中し、そこから空気が出て、そこへ空気を入れるようなイメージです。ぜひ試してみてください。

今日からできるアクション！

- ☐ 布団の中で考えても解決しないことは考えないと決める。
- ☐ 寝る前にスマートフォンを触らない。
- ☐ お腹でゆっくり深く呼吸し（腹式呼吸）、呼吸に意識を集中させる。

31 「しなければならない」は「したい」？

仕事でいっぱいいっぱいになって、「あれもしなければ」「これもしなければ」と焦ってしまうことはありませんか？　そんなときは、急かされているような気持ちになり、余裕がなくなってしまうこともあるでしょう。自分で選んだ仕事なのに、いつの間にか誰かに「させられている」仕事になっていないでしょうか。

保育者のGさんは、「毎日、しなければならないことが多くて大変なんです」と言いました。「たとえばどんなこと？」と尋ねると、１人ずつの保育記録を書くのが大変とのこと。

そこで「もしそれをやらなくてもいいとしたら？」と言うと、Gさんは「嬉《うれ》しいけど、子どもの成長がわからなくなります」「他の職員とも共有できなくなります」「他の人が書くことになるので、迷惑をかけてしまいます」と言いました。

私が「じゃあ、保育記録は大変だけど書きたいってこと？」と尋ねると、Gさんはしばらく考えてから、「そうかもしれません」と答え、「余裕がなくなっていたけれど、冷静に考えると、子どもの成長を書き留めておきたくて記録を書いてます」と言いました。

実は**「しなければならない」と考えているものの背景には、「したい」という思いもある**のではないでしょうか。「しなければならない」ととらえると、それは誰かに「させられている」感が出てきます。

そこで、「やらない」という選択肢を自分に与えてみてください。すると、自分の中で「それをしないと自分が困る」「周りが困る」「実はしたい」など、やる理由がいろいろ思い浮かんでくるはずです。そしてそれは、「しなければならない」仕事ではなく、「したい」仕事でもあったということに気づくでしょう。

もう一つ、具体的なエピソードを紹介します。ある保育者が、書類仕事を溜めてしまって、研修報告書を書くのが遅れていました。そして、「あれもできていない」「これもできていない」「いろいろとしなければならないことがある」と言っていたので、「やらないという選択肢もあるよ」と提案しました。すると、「自分だけできなかったことになるのは嫌です」と言いました。私は、「ってことは、他の人と同じようにできる自分でいたいということ?」と尋ねると、「そうかもしれません」と答え、研修報告書をまとめたのです。

仕事がたくさんで「あれもしなければ」「これもしなければ」と思ったときは、次のように考えてみてください。

今日からできるアクション!

- ☐ それをしない自分をイメージする。
- ☐ しない選択をしたときの影響をイメージする。
- ☐ 改めて自分はそれをしたいのか、したくないのか問いかける。

32 顔の表情が感情をつくる

落ち込んでいるときや、イライラしているときなど、感情が表情に表れてしまっていることはありませんか？　そして、その表情を周りの人たちは見ています。特に子どもたちは、保育者の表情に敏感ですので、あなたがマイナスな気分のとき、それは子どもたちにも伝わっていることでしょう。

そんなときは、表情を変えてみてください。口角を上げ、頬の筋肉と眉毛も上げてみましょう。感情が表情をつくるのはもちろんですが、表情が感情をつくるともいわれているのです。

実際に、ニコニコしながら悲しいことを考えてみてください。逆に、悲しい表情をしながら楽しいことを考えてみてください。意外と難しいことを実感するのではないでしょうか。つまり、**表情を変えることで、自分の感情も少しずつ変わっていく**のです。

表情から感情を変えるという方法を、私はいつも用いています。私はよく職員から、「いつもニコニコしてますね、青木さんって怒ることあるんですか？」と言われることがあります。私だって感情が昂《たか》ぶることもあれば、落ち込むこともあります。

ただ心がけているのは、そんな自分の感情や気分に気がついたとき、表情を変えるということです。こうすることで、自分の感情がそのまま良くない方向へ走ってしまうのにストップをかけるとともに、私の表情から周りがマイナスの影響を受けないように心がけているのです。

保育室に入っていくときの表情にも心がけています。というのも、保育者と上司の関係性があまりできていない状態で上司が保育室に入っていくと、保育者は「何をしに来たんだろう?」「ダメだしをしに来たのかな?」という思いを抱きかねません。上司が無表情やしかめっ面で入ってきたらなおさらですよね。だからこそ、保育室に入る際に表情を明るくすることで、相手に不安を与えないとともに、私自身が「いいところ探し」をしようという気持ちになれるのです。

なお、気持ちを切り替えるのに、「上を向いて歩く」という方法もあります。下を向いて歩くとネガティブなことを考えやすいのですが、上を向いて歩くとネガティブなことを考えにくいものです。下を向いて歩くのは簡単ですが、上を向いて歩くのは意思の力です。同じように、**ネガティブな感情に任せて行動するのは簡単ですが、ポジティブな感情に転換しようとするのは意思の力**です。

ただし、自分の感情をごまかしてばかりいると、それはストレスにもなっていきますので、自分の気持ちにしっかりと向き合うことも大切です。同僚や上司に相談する時間をつくったり、自分の気持ちを書き出して整理するほか、適度に発散しつつ、表情を大切にしていきましょう。

今日からできるアクション!

- [ ] 家や園の更衣室を出る前に、鏡の前で笑顔になる。
- [ ] マイナスな気分になったら、笑顔をつくる。
- [ ] 上を向いて歩く。

第4章 チームの文化をつくる

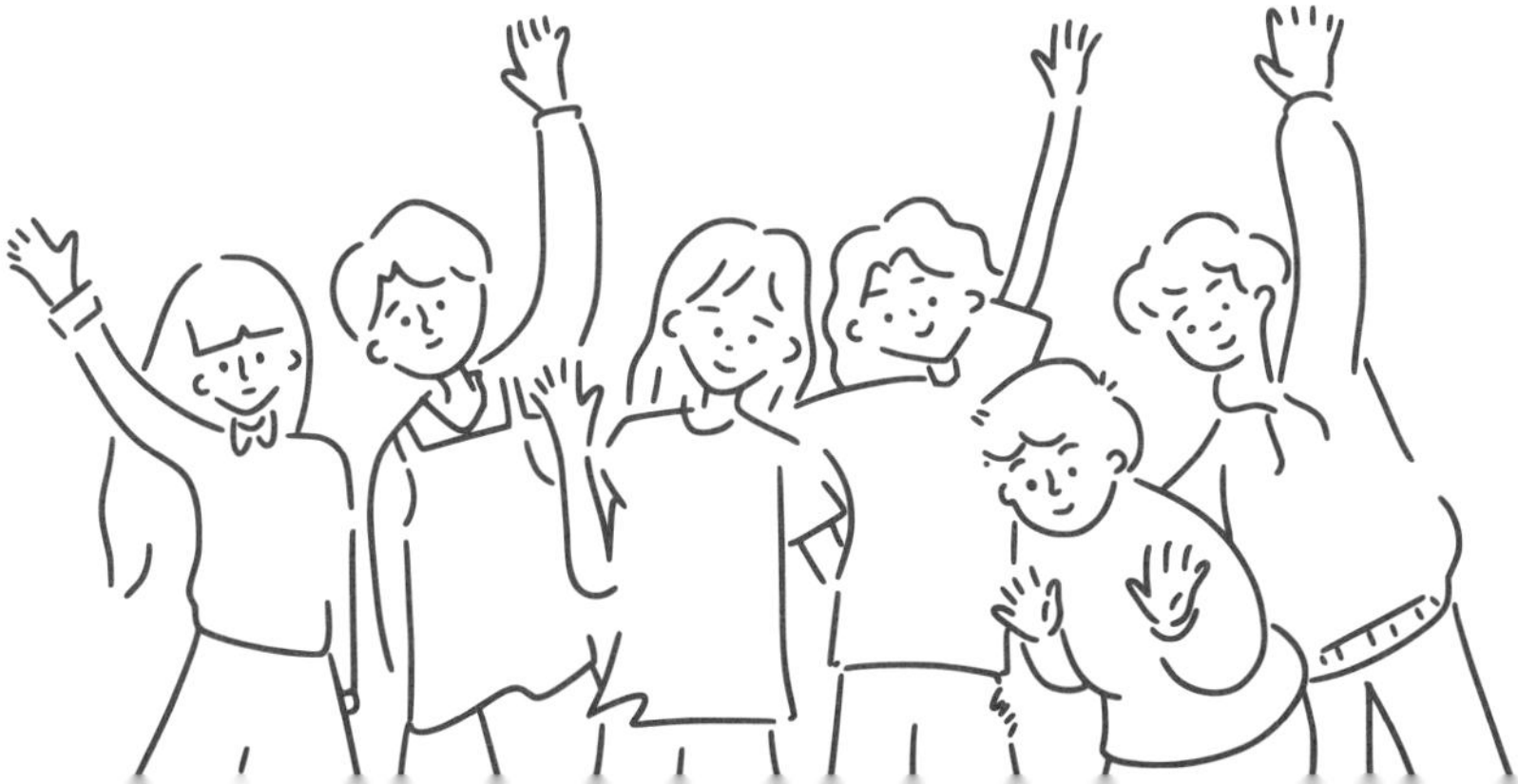

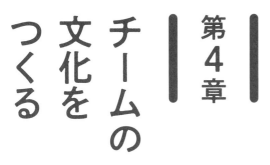

33 組織文化とは何か

どの組織にも、必ず「組織文化」というものがあります。「組織文化」とは、組織全体の価値観や行動様式、コミュニケーションのパターンなどを指します。

保育施設も例外ではありません。子どもたちが夢中になって遊ぶことが重視される園もあれば、保育者の言うことを理解して行動することが重視される園もありますよね。こうした違いも、その園の組織文化といえるでしょう。さて、あなたの園には、どんな組織文化がありますか?

ある日、新人保育者のAさんは、子どもたちが遊ぶ様子を少し離れた場所から見守っていました。その姿を見た先輩保育者のBさんは、「私たちは遊びを発展させる役割もあるから、一緒に遊んでみて」と優しく伝えました。この一言がAさんにとって大きな学びとなり、その後、彼女は子どもたちと積極的にかかわるようになりました。

子どもと遊び、遊びを発展させる姿勢が共通して根づいているというのは組織文化であり、それを新人保育者に伝える行為は、組織文化をつくっていることにほかなりません。

つまり、**組織文化とは、その園における「基準」**といってもいいかもしれません。人間関係や、保育の質、仕事の質、環境の質、時間に対しての考え方など、さまざまなことに「私たちはどのレベルをよしとするのか?」「どのレベルを当たり前と思っているのか?」といった基準です。

また、**組織文化はその園でよく使われる「言葉」にも表れます**。「子どもに○○させておいて」という言葉が飛び交う園は、大人が上で子どもを下に見るとか、子どもは大人の言うことを聞くべきだという組織文化がありそうですよね。あなたの園でよく飛び交う言葉には、どんなものがありますか？ そしてそれはどんな組織文化を表しているのでしょうか？

こうした組織文化は、保育の質や働きやすさに直結します。子どもたちの主体性を尊重する文化が根づいている園では、子どもたちが自分で考え、行動する力を育むことができるでしょう。保育者同士が助け合う文化がある園では、仕事の負担が分散され、ストレスが軽減されるため、働きやすい環境が整います。

一方で、組織文化の怖い点は、何もしなくても自然と形成されることです。乱雑な保育環境を放置すれば、それが当たり前となり、乱雑な文化が生まれます。良くない言動を放置すれば、その言動が常態化し、負の文化が根づいてしまいます。だからこそ、**つくりたい組織文化に向けて積極的なアクションを起こすと同時に、つくりたくない組織文化につながる言動に明確にノーを示すことが重要**なのです。

あなたの園は、人間関係、保育のレベル、仕事のレベル、環境、飛び交う言葉など、それらはどのような「基準」になっていますか？ これを見極め、望ましい組織文化を意識的に育てていきましょう。

そのために、次のような視点で話し合うことをお勧めします。

今日からできるアクション！

- □ 自分の園の「基準」について話し合う。
- □ 今の「基準」をどんなレベルにしていきたいか話し合う。
- □ その基準にするために、とるべき行動、ノーを示す必要のある行動について話し合う。

34 保育と子育ての違い

子どもを育むという点で共通点がある保育と子育ての違いをどう表現しますか?

保育者には、当然、未婚の人もいれば、子育て経験のない人もいます。そして、「子育て経験のない私のことを、保護者はどう思っているんだろう」と不安になる保育者も少なくないと思います。もし、保育と子育ての違いを明確に表現できれば、私たちは保育のプロフェッショナルとしての自信と誇りをもって、仕事に向き合うことができますよね。

まず大きな違いは、保育は専門的な知識とスキルをもって子どもたちを育てるということが挙げられます。こうした専門性があるからこそ私たちは、保育の活動や環境をデザインすることができるわけです。

しかし、本書では、別の観点から保育と子育ての違いを考えたいと思います。それは、**保育はチームで行う**という点です。

子育てももちろん、家族や友人、地域の支援を受けながら行うものですが、保育は特に複数の保育者が連携しながら行うチーム戦といえます。1人の子どもを複数の保育者が見て情報を共有し、協力しながら子どもたちを育てていますよね。これは子育てとの大きな違いです。

大人は子どもの気持ちを想像することしかできません。だからこそ、専門的知識をもつ複数の保育者が、それぞれの子ども理解をすり合わせ、その子の思いに近づこうとしながら、協働して保育をデザインしていくことは、子育てとの大きな違いといえるのではないでしょうか。

同じ状況にいても、見ている場面が違います。同じ子どもを見ていても、とらえ方が違います。子どもも理解をすり合わせたとしても、保育の展開方法も違います。

こうした**さまざまな見方やとらえ方をオープンにして、対話し、保育をつくり上げていくからこそ、その子にとってより良い保育ができ上がっていく**わけです。そして、そのようにして保育をデザインするからこそ、それぞれの役割を理解して動いたり、カバーし合うことができるのではないでしょうか。だからこそ、保育者の専門性を語るうえでは、チームワークが欠かせないと思っています。しかし、いつでもどの園でも、チームワークが抜群に良い状態かというと、必ずしもそうとは限りませんよね。**チームは、自分が知らないうちに誰かが良くしてくれるものではありません**。一人ひとりが自分ごととしてチームワークを高めようとするアクションが不可欠です。そのため、自身がチームワークの向上に貢献しているか、はたまた足を引っ張る存在になっていないか、あるいは単なる傍観者になっていないかと、振り返ることが必要です。

チームワークに支えられる保育を進めていくうえで、園内で次のテーマを話し合ってみましょう。

今日からできるアクション！

- □ 保育と子育ての違いについて考える。
- □ 保育の場におけるチームワークとは何かを考える。
- □ チームワークが良いとはどのようなことか考える。
- □ 右記の状態と現状とのギャップを考える。

35 「チーム」と「仲良しグループ」の違い

保育現場ではよく「仲良しグループ」ではいけないといわれますよね。メンバー同士の仲が良いことはとても大切なことですが、なぜ「仲良しグループ」ではいけないのでしょうか。それを考えるために、「チーム」と「グループ」の違いについて考えてみましょう。

グループは、「共通項」のある人たちの集まりです。同じ職場で働いているとか、趣味が同じであることなどが「共通項」です。一方で、**チームは「共通の目標」をもつ人の集まり**です。チームには、達成したい具体的な目標があり、その目標に向かって協力し合うことが求められます。つまり、グループは「共通の目標」がない人の集まりなのです。

そう考えると、仲良しグループは、共通項はあるけれど、「共通の目標」がないため、もし相手が良くないことをしていても、注意を促すこともなく、ぬるい関係になってしまいます。いうなれば、仲良し状態を維持するのが目標になってしまうため、それを壊そうとするものを排除しようともするでしょう。

たとえば、相手に注意することで仲良し関係が壊れてしまうため注意しないとか、気が合わないと思った同僚を仲間に入れない、といったことです。不適切な保育が行われている園には、こうした状況があるのではないでしょうか。

しかし、これが「チーム」だったらどうでしょうか。「共通の目標」を実現するために、相手にとって耳の痛いことでも伝えようとするでしょう。また、気が合わなさそうと思ったとしても、チームの一員である以上、積極的にコミュニケーションを図り、その人を理解しようとするのではないでしょうか。

ある園の出来事です。Cさんは出勤後、園庭にボールが一つ落ちているのを見つけました。Cさんはそれを拾って片づけるとともに、朝礼のときに同僚にこう投げかけました。

「今朝、園庭にボールが落ちていました。きっと昨日からそこにあって私たちの何名かが見ていたのではないかと思います。片づけが不十分であったり、見て見ぬふりをしたり、落ちている状態に気づかなかったりということは、大きな事故につながる一歩になりかねません。だから、気づいたときはすぐに行動していきませんか」

こうした行動は、良い保育をしたいという「共通の目標」があるからこそ。**チームとしての「共通の目標」に向かう意識と行動があるからこそ、互いに成長し合うことができる**のです。

保育はチームで行うもの。さてあなたの園には、明確な「共通の目標」がありますか？　それは単に掲げられているだけでなく、一人ひとりが理解し、そこに向かうチームになっていますか？

保育の現場では、子どもたちの最善の利益を追求するために、保育者同士が連携し、「共通の目標」に向かって進んでいくことが求められるのです。あなたの園がチームであり続けるために、次のような視点でディスカッションしてみましょう。

今日からできるアクション！

- ☐「チーム」と「グループ」の違いについて対話する。
- ☐自園で「チーム」になれている場面や、「グループ」状態に近い場面について対話する。
- ☐自分たちの共通の目標とは何かを考える。

36 フィードバックするとは「裸の王様」をつくらないこと

「フィードバック」という言葉を知っていますか。フィードバックとは、一言でいうと、**成長のための情報提供**です。良いところを伝えるポジティブフィードバックもあれば、耳の痛いことを伝えるネガティブフィードバック（ギャップフィードバックともいいます）もあります。これらはすべて、相手の成長を願って行うものです。

保育者のDさんは、とてもフレンドリーな性格で、保護者とも気さくに話すことができる人でした。そのため保護者からも話しかけやすく、送迎の時間はいつもDさんと保護者の明るく話す姿が見られました。

そんなDさんが、新規入園の保護者Eさんに、いつものように快活に話しかけていきました。その様子を見ていた主任はEさんの表情が暗いように感じ、「EさんはDさんの勢いに圧倒されたのかな」と思いました。

そこで主任は、Dさんに「ちょっと気になることがあったんだけど、伝えてもいいかな」と前振りをしたうえで、「さっきEさんの表情が少し硬いように見えたんだけど、何かあった?」と尋ねました。そう聞かれたDさんは「たしかに私と話していて、ちょっと引いていく感じを受けたんですよね。私、勢いよく話しすぎたかもしれません」と答えました。そして2人は、相手に合わせたコミュニケーションをとっていこうという話になったのです。

主任がDさんに行ったのはまさにフィードバックといえます。もし、こうしたフィードバックを受けなかったらどうなるでしょうか？　**自分が改善すべき点に気づくことができず、成長の機会を失ってしまいます**。まるで「裸の王様」のように、自分がどんな状態になっているのかに気づかず過ごすことになるのです。

「不適切な保育」を考える際も、フィードバックという視点が欠かせません。というのも、「不適切な保育」とは虐待等と疑われる事案のことですが、他の保育者が不適切な保育をしているのを放置（見て見ぬふり）する人も、不適切な保育をしていると見なされます。つまり、**不適切な保育をしている人にフィードバックをしないということも、不適切な保育**になるわけです。

保育はチームで行うものであり、チームとは「共通の目標」をもつ人の集まりです。「共通の目標」があるからこそ、そこに向かうためにもフィードバックが必要です。つまり、フィードバックをするということは、チームメンバーとしての責任でもあるのです。

そのためにも、フィードバックしやすい園づくりが大切です。受ける側は、フィードバックを素直に受け入れる心がまえや姿勢が必要で、伝える側は、日頃からのコミュニケーションを大切にし、フィードバックの際の表現を身につけていきましょう。

今日からできるアクション！

- □ 日頃から同僚や後輩とのコミュニケーションを増やし、信頼関係を築く。
  ※信頼関係のない中でのネガティブフィードバックは受け止めきれません。
- □ フィードバックを行う際には、相手の成長を心から願って行う。
- □ フィードバックを受ける際は、素直に耳を傾ける。

37　チームに必要な心理的安全性

「心理的安全性」という言葉を聞いたことがありますか。これは、職場で自分の意見を自由に言える環境を指します。心理的安全性が確保されている職場では、自分の発言が拒絶・批判されたり、人間関係が悪化する心配がないため、考えや意見を率直に伝えることに安心感があります。そのため、心理的安全性が高い職場では、質問やアイデアを素直に表現することができるのです。

ときどき、「心理的安全性が高いって仲良しな職場ってことだよね?」と誤解されることがあります。たしかに仲が悪いわけではありませんが「仲良しこよし」でもないのです。「仲良しこよし」になると、相手にとって耳の痛いことを言わなくなったり、「ちょっと違うなあ」と思っても言えなくなったりしてしまいます。さらには、関係性を維持するために、仕事の話よりも、プライベートの話が中心になり始めると、一見仲が良い職場・関係性には見えますが、「ぬるい職場」になってしまうのです。

また、共通の「敵」をつくってその人の批判や悪口を共有することで、関係性を維持したり結束を強めようとすることもあります。こうなると、職場が良くなるどころか、悪くなってしまいますよね。

こう考えると、心理的安全性が高いとは、「率直に」思いを伝えられる状態であり、切磋琢磨《せっさたくま》する環境・状態といえます。これはつまり、あなたも「耳の痛いこと」を言われる可能性があるということ。そしてそれを**「言ってくれてありがとう」と素直に思える職場**ということです。これは決して「ぬるい職場」ではありませんよね。

ある仲の良い職場で、責任感の強い保育者のFさんがリーダーに抜擢《ばってき》されたのですが、徐々に空回りし始めます。「自分ががんばらなければならない」「自分でしなければならない」と思いすぎて、1人で何でもこなそうとしてしまったのです。そして「周りは動いてくれない」と同僚を責める気持ちも生まれてきました。すると、仲が良かったはずの関係性に変化が生まれ始め、空回りしているFさんに誰も何も言えなくなってしまったのです。仲が良かったと思っていたものの、耳の痛いことは伝えにくい状態だったのかもしれません。

そんなとき、Fさんと長い付き合いのGさんが「ちょっと気になってることがあるんだけどいいかな」と言って、Fさんに話しかけました。そして、今のFさんは1人で何もかもしなければならないと思っているように見えていることや、周りがFさんに話しかけづらくなっていることを伝えたのです。Fさんは、自分自身が抱え込んでしまっていたことに気づき、Gさんに感謝を伝え、少しずつ周りを頼れるようになっていきました。そして、周りを頼ることで、お互いに思ったことを言い合えるような関係性になっていったのです。

大切なのは「仲良しこよし」の職場ではなく、素直に思いを伝え合える切磋琢磨する職場環境です。次のようなことを意識しながら、心理的安全性の高い職場をつくっていきましょう。なお、Gさんの言葉に素直に耳を傾けたFさんの「心理的柔軟性」の高さも光っていますね。

今日からできるアクション！

- □ 素直に意見を伝え合えることが大切だというメッセージを発し続ける。
- □ 管理職やリーダーの立場にある人が、同僚からの意見を素直に受け止める姿勢を見せる。
- □ 失敗しても責めるのではなく、次にどう活かすかをともに考える姿勢でかかわる。

38 わかるように伝えられていない

相手に対して「なんでわかってくれないの?」と思ったことはありませんか? たとえば後輩や同僚に「～しておいてくれる?」とお願いしても、イメージと大きく異なる行動をとったときなどです。こうした経験は私にもたくさんあります。

保育はチームで行うものですから、コミュニケーションが基盤となり、相手にあなたの思いが伝わるかどうかはとても重要になります。

ある日の夕方、Hさんは、新人保育者のJさんに「保育室の整頓しておいてね」と指示を出しました。翌朝、Hさんが出勤すると、机と椅子の向きは整っているものの、整頓されているとはいいがたい状況でした。Hさんは少しイライラしながら、絵本棚の絵本の向きを揃《そろ》えたり、玩具棚《がんぐだな》の玩具を整頓したりしました。

このとき、Hさんは「なんでわかってくれないの?」と感じたでしょう。しかし、大切なのは、相手にベクトルを向けるのではなく、自分に向けることです。「わかってくれない」のではなく、「わかるように伝えられていなかったのではないか」と振り返ることが重要です。

よくあるのが、「どの程度」や「どうやって」「いつまでに」が伝えられていないケース。これらはあなたの頭の中にはイメージがあるものの、言葉にして伝えないと、相手は理解することができません。

あなたは「言ったつもり」とか「伝えたのに」と思っても、相手には伝わっていないということなのです。

前述の例の場合、Hさんは「今日のうちに」というつもりでした。しかし、それを言葉にして伝えていなかったため、Jさんは「今週のどこかですればいいや」と思ったかもしれません。

また、Hさんは「絵本棚の絵本の向きを揃えてほしい」「玩具棚の玩具の向きを揃えたり、混ざっている玩具をもとに戻したり、整頓したりしてほしい」とも思っていましたが、それを言葉にして伝えられていませんでした。そのため、Jさんは机や椅子の向きを揃えるだけにとどまったといえるでしょう。

このように、あなたの**頭の中にあるものを、しっかりと言葉にして伝えないと、相手には伝わりません**。あなたの「つもり」と相手の「つもり」に違いが生まれることになるのです。つい「なんでわかってくれないの?」と思いがちですが、そんなときは改めて自分自身の伝え方を振り返ってみてください。

「なんでしてくれないの?」「なんでわかってくれないの?」と相手にばかりベクトルを向けていては、チームワークは向上しません。そうなるに至った原因を「私」の中に探ろうとすることが大切です。つまり、**ベクトルは自分に向ける**ということです。

今日からできるアクション!

- ☐ ベクトルを相手に向けていないだろうかと振り返る。
- ☐ 自分にベクトルを向けて考える。
- ☐ 「どの程度」「どうやって」「いつまでに」を明確に伝えていただろうかと振り返る。

39 「なんで気づかないの?」は重要性が違うから

後輩や同僚に対して「なんで気づかないの?」「なんで素通りできるの?」と思うことはありませんか?

ある主任が「花が枯れそうになっていても気づかない人が多いんです。なので私がいつも水をあげているんです」と教えてくれました。「保育室の棚の上が物置きのようになってしまう職員がいて、なんでそうできるのか? なんでそのままにしていられるのか? って思うんです」とか、「保育室の虫かごの中の虫が、ずっと死んだままになっているのに、○○さんは全然気づいていないんです」といった相談を受けたこともあります。

同じような思いをもったことは、みなさんにもあるのではないでしょうか。こうした思いは、「○○さんは気が利かない人だ」「最近の若い保育者は自分のことしか考えていない」といったレッテルを貼ってしまうことにもなりかねません。

しかし、あなたは気づいているけれど相手は気づいていないという状況は、相手が悪いわけではなく、あなたと相手で重要性が異なっているだけなのです。

さてここで、あなたの家にある時計の形やデザイン、文字盤、針の形や太さなどを思い出して描いてみてください。毎日見ているはずなのに思い出せなかったり、大きく違っていたりするはずです。しかし、時計が大好きな人や、時計デザイナーだったら、かなりの状態で再現できるでしょう。

つまり、**同じものを見ても、重要性が違えばキャッチしている情報が違う**のです。あなたは「今何時？」という情報が重要だから、他の情報が視界に入っていても素通りしてしまいます。一方で、時計デザイナーはデザインが重要だから、しっかりとそこに目がいくのです。

なぜなら、脳がそういう働きをするようになっているからです。目に見えるすべての情報をキャッチしていたら、脳は情報を処理しきれなくなってパンクしてしまうので、重要と思う情報だけをキャッチするのです。

だから、生き物が好きな保育者や、保育室に生き物がいることの重要性を感じている保育者は、それらが残念な状態になっていることをすぐにキャッチするし、美しく安全な環境の大切さを理解している保育者は、環境が乱雑になっている情報をすぐにキャッチするのです。反対に、それらを**重要と思っていない人は、目の前にあっても素通りしてしまう**わけです。

そう考えるとあなた自身も、他の人が重要と思っている情報をキャッチしていないということが起きているということです。だから、「なんで気づかないの？」と思ったときは、次のようなアクションをとってみることをお勧めします。

今日からできるアクション！

- 「私とあの人で、重要性が揃《そろ》っているだろうか？」と振り返る。
- 「あの人と、重要性を共有してこられただろうか？」と振り返る。
- 重要性を伝えたり、ともに考える時間をもつ。

40 休憩室での会話に意識を払う

あなたの園の休憩室や更衣室では、どのような会話や言葉が飛び交っていますか？　それは、園の状態を示すバロメーターともいえるでしょう。下記の図のように、子どもや保護者のこと、園や保育者のことに分け、ポジティブな内容が多いのか、ネガティブな内容が多いのか、振り返ってみてください。

　こうした休憩室や更衣室での会話は、その園の組織文化を表すとともに、組織文化をつくっていきます。なぜなら、**組織文化は、言葉と行動によってつくられ、広まっていく**からです。

　たとえばある園では、休憩室や更衣室での会話がAの状態にあり、その日の子どもの姿をイキイキと語ったり、保護者からの嬉《うれ》しいメッセージをシェアするようなことが多くありました。この園では休憩室以外でもポジティブな会話が活発に行われ、保育者同士が対話し、助け合う姿が見られまし

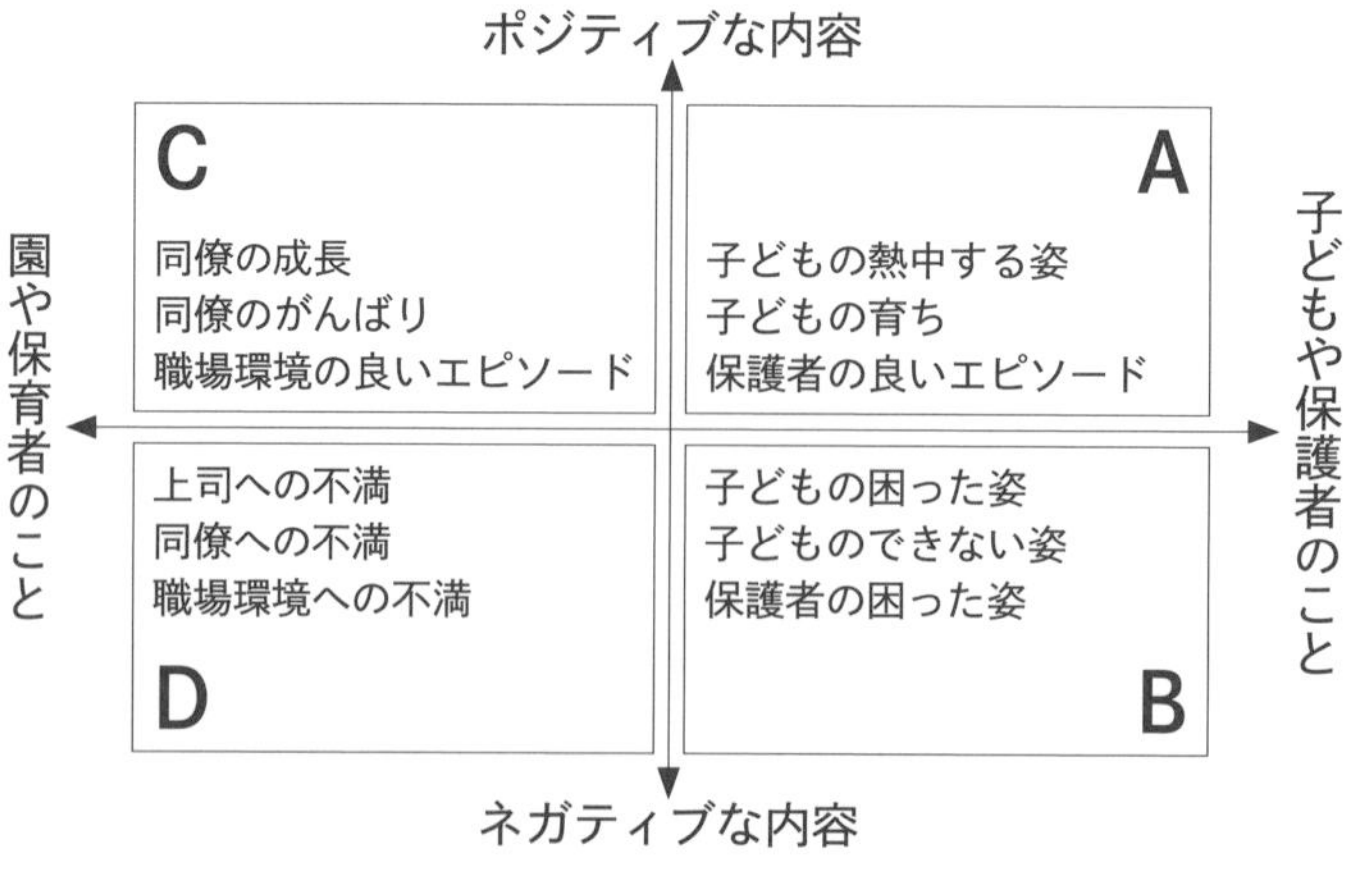

た。子どもたちの成長や活動について話すことで、保育の意識が高まり、保育の質が向上し、子どもたちもイキイキとしていきます。

もしBの状態だったらどうでしょうか。子どもたちや保護者のネガティブな話が更衣室で延々と繰り広げられているとしたら？　当然、Aとは反対の状態になっていくのが想像されると思います。

このように、休憩室や更衣室での会話は、園全体の雰囲気や組織文化に大きな影響を与えます。**働きやすい職場は、一人ひとりがつくり上げていくものであり、誰かが勝手につくってくれるものではありません**。だからこそ、あなた自身がどんな言葉を使うのか、どんな言葉を使ってどんな表現をするのか。**自分自身の言葉を大切に選ぶことが重要**です。

より良い組織文化をつくるため、すぐできる次のアクションをお勧めします。

今日からできるアクション！

- ポジティブな話題を積極的に投げかける。
- ポジティブな言葉に言い換える。
- ネガティブな話で盛り上がっているときは、その場から離れる。

41 期待値を超える行動が感動を生む

あなたは、どんなお店であれば「また来たい」「誰かに勧めたい」と思いますか。それはきっと、あなたの予想（期待値）を超え、あなたの心が動いたお店だと思います。たとえば、料理が予想以上においしかった、店員さんの人柄が予想以上に温かみがあったなど、**なんとなく抱いていた期待値を超えるような何かがあったとき、あなたの心は動き、感動する**はずです。

この「期待値を超える」という考え方を、園での仕事に置き換えてみましょう。どのような園だったら、あなたは働き続けたいと思いますか？　「職場でのコミュニケーションってこんなものだろう」となんとなく描いていたレベルを超えたコミュニケーションがある職場なら、働き続けたいと思うのではないでしょうか。あるいは、以前の職場以上に素敵だなと感じる保育をしている職場なら、「ここで働き続けたい」と思うのではないでしょうか。

大切なのは、**期待値を超えるものがあるとき、そこでは一人ひとりが期待値を超える行動をとっている**ということです。

新人保育者のKさんは、「水遊びのとき、ただバチャバチャするだけで発展しない」と悩んでいました。それを知った先輩保育者のLさんは、「一緒に考えてみよう」と言い、「こんな遊びもいいかもね」「こんな環境をつくるといいかも」と事例を教えてくれたり、指導計画を一緒に考えてくれました。

Kさんは、こんなふうにすぐさま先輩に相談に乗ってもらえるとは思っておらず、Lさんの行動をとても嬉《うれ》しく思い、心が動きました。そして、Lさんへの信頼が高まると同時に、この園に入って良かったと思いました。

保護者の視点からも、期待値を超えるということは大切です。Mちゃんの家庭は、いつもお母さんが送迎していて、これまでお父さんの送迎はありませんでした。しかしその日は、お母さんが迎えに来ることができず、お父さんが迎えに来ることになりました。

お父さんは「先生たちとどうコミュニケーションをとったらいいのだろう」と不安だったようです。ところが園に行くと、保育者のNさんから「○○さん、こんにちは」とすぐ声をかけられただけでなく、「今日はお迎えありがとうございます。お迎えの方法、わかりにくくなかったですか？　何かわかりにくいところがあれば遠慮なく言ってくださいね！」と言われたとのこと。

お父さんは、自分のことをわかってくれていたこと、すぐに声をかけてもらえたこと、不安な気持ちに寄り添ってもらえたことに驚くと同時に、感動したようです。

このように、相手の期待値を超えるような行動が、感動を生みます。その際、感動を狙って行動するのではなく、相手に喜んでもらいたいという思いが大切です。**そうした思いを一人ひとりがもって行動していたら、すばらしい組織文化が生まれる**と思いませんか。

今日からできるアクション！

- ☐ 保護者や同僚の話をよく聴き、相手の気持ちや背景に寄り添う。
- ☐ 相手が何を望んでいるのかを想像し、それに応える行動をとる。
- ☐ 何か問題が起きたときや助けが必要なときに、自分から一歩踏み出して行動する。

42 何がそうさせているのか考える

「なぜこの子はいつも友だちを叩《たた》いてしまうのだろう?」「なぜあの保護者は毎回細かい質問をしてくるのだろう?」と思ったことはありませんか? 保育現場では、子どもや同僚、保護者に対しても「なぜ?」と思う瞬間が日々訪れます。そして、その「なぜ?」という思いの背景に、相手を責める気持ちが含まれていることも少なくありません。

しかし、**すべての言動には必ず何らかの背景や理由があります**。いつも友だちを叩いてしまう子どもがいたら、「また叩いた!」とネガティブな気持ちが湧いてくるかもしれませんが、その背景には、その子なりの満たされない思いや、気持ちをコントロールしづらい成育環境があるかもしれません。

ある園に、いつもごろごろと寝転んでいる子がいました。保育者は最初、この子は「話を聞いてくれない」「やる気がない」という気持ちになっていたのですが、職員同士で話し合い「姿勢を保てないからではないか?」という見方をしてみようということになりました。そして、姿勢を保ちやすくなるような椅子にしてみたり、姿勢を保つ力を育てるような運動遊びを取り入れたりしたところ、徐々に改善していきました。決してやる気がないわけではなかったのです。

また、保育者Pさんは、新しく入ったQさんの反応が乏しいため、自分は嫌われているのではないかと思ったり、Qさんのことを「協調性のない人だ」とイライラしてしまうこともありました。しかしあるとき、園長からこんなことを聞いたのです。

「Qさんが前にいた園はすごく厳しくて、自分の意見や提案を言えない環境だったらしい」

そこでPさんは、Qさんと会話が続かないのはそうした背景があるかもしれないと思い、「私はこんなことしたいんだけどどう思う？」「Qさんはどんなことしたい？」と、やりたいことを伝え合う関係づくりに注力していきました。するとQさんは、当初のような姿ではなく、自分のやりたいことについて、自信をもって表現するようになったのです。

このように、どのような言動にも必ず背景や理由があります。それを**理解しようとする姿勢が、相手を責める気持ちから寄り添う気持ちや姿勢へと変わるきっかけになる**のです。一方で、それらがないと、相手を責めるような気持ちになったり、失敗を許容できない雰囲気になってしまいます。つまり、相手の言動の背景や理由を考えることは、チーム全体の文化づくりにつながったり、保育者やチームとしての成長につながるということです。

相手の言動を責めるような気持ちが湧いてきたとき、ぜひ次のようなアクションをとってみてください。

今日からできるアクション！

- ☐ 問題が起こったとき、まずはその背景や理由を考えてみる。
- ☐ 相手の理由を理解し、共感的に対応する。
- ☐ 背景や理由を考えて接することでうまくいったエピソードを、チーム全体で共有する。

43 GIVE & TAKEではなく GIVE & GIVE & GIVE

保育では、連携プレーや支え合いが必要ですよね。しかしときどき、「私はこれだけやっているのに、あの人はなんで動いてくれないの?」と思うこともあるのではないでしょうか。

GIVE & TAKE（ギブアンドテイク）という言葉を耳にしたことがあると思います。これは、「自分が何かをしてあげるから、相手も何かをしてくれるだろう」という考え方です。あるいは、「自分が何かするから、相手も何かしてくれるよね」と相手の行為を期待する考え方ともいえます。たしかにこれでうまく進むことも多いですが、前提としては、心のどこかで見返りを期待していることになります。もし、この見返りを求める気持ちがなく、GIVE & GIVE（ギブアンドギブ）の心がまえだったら、どんなチームになると思いますか。

主任保育者のRさんは、とにかく仕事に一生懸命。困っているクラスがあったら率先してカバーに入り、職員の悩みを聞いてサポートし、職員にわからないことがあったら一緒に調べたり、わかるまで付き合い続けるような主任。いつもいつも動き回っている印象がありました。

そんな彼女に「いつも本当にありがとう」とねぎらうと、決まって返ってくる答えが「好きでやってるだけですから」というもの。そこには、「自分がこれだけやっているのだから相手も返してくれるだろう」という気持ちがまったく入っていないのです。まさに、GIVE & TAKEではなく、GIVE & GIVE & GIVE & GIVEといえるほどです。さらにいうと、GIVE & GIVE & GIVE

ある日、そんなRさんが体調不良や家庭の事情が重なり、思うように仕事ができなくなったタイミングがありました。そのとき何が起こったかというと、「私、これします」「私、これできますよ、任せてください」と、園長が音頭をとったわけではないのに、たくさんの職員がRさんをカバーし始めたのです。Rさんからいろいろと助けてもらった人には、しっかりとRさんの思いや姿勢が届いていて、いつの間にか協力し合うチームができ上がっていたのです。

このように、**見返りを期待せずに行動することで、周囲の人々に良い影響を与える**ことができます。あなたが**心から相手のためを思って行動することで、その姿勢が周りに広がり、園全体の組織文化として定着していく**のです。しかし、頭ではわかっていても「あの人はしてもらって当然と思っている」という気持ちも湧いてきて、何だか釈然としない気持ちになるかもしれません。

こうしたとき、「○○なら△△すべき」という「べき思考」が頭の中にあるように思います。そんなときは、本書の項目38を読んで、自身にベクトルを向けて考えるようにしませんか。

「GIVE & GIVE & GIVE」の考え方を実践することで、あなたの園にもすばらしい組織文化が生まれるでしょう。見返りを期待せずに、相手のためを思って行動することで、周囲の人々もその姿勢に感化されていくのです。

今日からできるアクション！

- □ 見返りを期待せず、毎日一つ、相手を思って行動する。
- □ 同僚や子どもたちに対して、どんな小さなことでも感謝の気持ちを表す。
- □ 困っている人がいたら、相手のために行動する。

44 恩返しではなく恩送り

「恩送り」という言葉を聞いたことがありますか？　多くの人が馴染《なじ》み深いのは「恩返し」でしょう。鶴の恩返しのように、助けてもらった相手に恩を返すことです。もちろんそれはすばらしいことです。一方で、保育現場でより良い組織文化を築くためには、「恩送り」が重要です。

恩送りとは、受けた恩を助けてくれた相手に返すのではなく、**自分がしてもらったことを別の誰かに同じようにする**ということ。同僚に親切にしてもらったら、別の同僚に親切にします。こうすることで、ポジティブな言動が連鎖反応的に広まり、チーム全体が良い雰囲気になっていくと思いませんか。

保育経験の浅い保育者のSさんは、落ち着きがなくこだわりの強いTちゃんにどう接したらいいかわからず悩みを抱えていました。Tちゃんは、Sさんの言葉を無視するかのようにクラスの中を動き回ったり、さまざまな場面で友だちに感情をぶつけるため、Tちゃんがいることでクラスがまとまらないという思いをもっていました。

そのとき、先輩のUさんが「なんか困ってることあったら相談に乗るよ」と言ってくれたのです。Sさんの悩みを丁寧に聞いたうえで、Uさんは「それはよくがんばってるね、大変だったね」と共感し、Tちゃんが生活や遊びに見通しをもてるような工夫を伝えました。それだけでなく、翌日には「これ私が読んだ本なんだけど、今のSさんに役立つかもしれない」と言って本をもってきてくれたり、Tちゃんが見通しをもてるような環境構成を一緒に手伝ってくれたのです。

Sさんは、クラスそのものが落ち着かなくなっていることや、Tちゃんとうまくかかわれないことについて、ただ単に自分の力がないからだと感じ、悩みを誰にも言えずにいたのです。そんなとき、Uさんが声をかけてくれたことをとても嬉《うれ》しく思いました。また、Uさんのアドバイスによって、少しずつTちゃんの行動も変化していったのです。

一連のサポートにお礼を伝えると、Uさんは「あなたが先輩になったとき、同じように困っている後輩のことを助けてあげればいいんだよ」と言ったのです。

まさにこれが恩送りです。恩送りは個々の成長だけでなく、チーム全体の成長にもつながります。**恩送りは、感謝の気持ちをもち続けることと同時に、行動に移すことで初めて成立します**。言葉だけでなく、実際の行動で示すことで、周囲の人々にもその影響が広がり、チーム全体がより良い方向に進むように思いませんか。あなたもぜひ、恩送りを意識してみてください。

今日からできるアクション！

- □ サンキューカードやサンキューボードなど、感謝を気軽に伝えられる環境をつくる。
- □ 職員会議等で感謝の思いを伝える場をつくる。
- □ 「恩送り」のエピソードを共有する時間を設ける。

45 早く行くなら1人で、遠くへ行くならみんなで

「早く行くなら1人で行け、遠くへ行くならみんなで行け」というアフリカのことわざを知っていますか。たしかに、1人で行ったほうが身支度も簡単で、周囲に歩調を合わせる必要もないので、早く目的地に到達できそうです。しかし、遠くへ行くならどうでしょう。途中で出会う、1人では解決できないことも協力することで乗り越え、到達することができますよね。保育もこれと同じことがいえます。

何年も前の話ですが、育児担当保育を取り入れようとしたときのことです。早く進めるなら、号令を出して一気に取り組むのが手っ取り早いでしょう。しかし、それではただ単にやらされているだけになったり、本質を理解しない育児担当保育になってしまいます。

そこで、時間はかかっても一人ひとりが理解することが大事だと思い、まずは育児担当保育を進めている園を見学に行くところから始めました。実際に自分で見聞きし、対話し、その良さを実感することを大切にしたのです。そして今では、私たちの誇れる保育にもつながっています。

仮に「こう決めたからこうするんだ！」「自分1人でもやっていくんだ！」と進めていたらどうだったでしょうか。おそらく途中で取り組みは挫折し、チームもバラバラになっていたように思うのです。1人で進めば早く目標に到達できるかもしれませんが、子どもの成長を支えるからこそ、保育の世界は、遠くまで行くことが大切になります。

あなたの園では、同僚と協力し合えていますか？　先輩の知恵を借りていますか？　後輩の新しい視点を取り入れていますか？

もしも、子どもたちが「大きなうちをつくりたい」と言ったら、あなたはどうしますか？「それは楽しそうだ！」と子どもたちと進めていくかもしれません。あるいは、「つくりたいけど、どうしたらいいだろう？」と思案するかもしれません。

それに加えて**同僚に、ぜひ言いふらしてほしい**と思います。言いふらすと「わたしこういうことしたことがあるよ」「こういう環境構成もいいかも」「こういう展開も考えられるよね」など、さまざまなアイデアが集まってくるでしょう。

一人ひとりがもつ力は限られています。しかし、**それぞれの得意分野や経験をもち寄れば、大きな力になります**。子どもたちのために、保護者のために、そして何より自分自身の成長のために、チームで取り組むことの大切さを忘れないでください。

そして、チームで成長することは、個人の成長にもつながります。多様な視点に触れることで、自分の固まった見方や考え方に気づき、新しい発想が生まれます。他者の長所から学び、自分の伸びしろを伸ばす機会にもなります。このような相互作用が、あなたの保育者としての幅を広げ、深みを増していくでしょう。

今日からできるアクション！

- □ やりたいことがあったら、周囲に言ってみる。
- □ なぜやりたいのかを、丁寧に語る。
- □ 力を貸してほしいことを素直に伝える。

第5章

コミュニケーションスキルを高める

46 相手に届く接し方

日々の保育の中で、同僚や子どもたち、保護者とのコミュニケーションに悩んだことはありませんか？　コミュニケーションとは、お互いの考えや気持ちを伝え合うという情報伝達です。コミュニケーションがうまくいくというのは、届けたいものが届き、相手が届けたいものもこちらにきちんと届いている状態といえますよね。

まず、届けたいものが相手にきちんと届くにはどうしたらいいでしょう。大切なのは、コミュニケーションの基盤があることです。それは信頼関係ともいえます。信頼関係のない人の話に素直に耳を傾けられますか？　この場合、相手の話が頭に入ってこなかったり、本心はどう思っているんだろうと疑いながら聞いてしまいますよね。

つまり、**相手に考えや気持ちを届けるには、関係性がとても大事**だということです。

先日、ベテラン保育者のAさんと新人保育者のBさんの会話を耳にしました。Aさんは良かれと思って助言をしたものの、Bさんは萎縮している様子でした。Bさんは「怒られている」と感じてしまい、Aさんのコミュニケーションが Bさんに届いていなかったわけです。

なぜこうしたことが起こったのでしょう。まずは新人のBさんにとって、Aさんはベテランなのでとても大きな存在という前提があります。その前提は、単なる「尊敬」や「憧れ」ではなく、近寄りがたいイメージを伴うものだったといえるでしょう。そうした状態で助言をしたために、「怒られている」

と感じてしまったように思います。

このような状況を改善するために私が大切にしている考え方が「ストローク」です。これは、心理学者のエリック・バーンが提唱した理論の一部です。ストロークとは、人とのコミュニケーションから得られる精神的な刺激で、**相手の存在を認め、関心を示す**行為のことです。具体的には、挨拶《あいさつ》や笑顔、褒《ほ》める、感謝するなどが含まれます。

保育の現場では、保護者に対して「○○くんのお母さん（お父さん）」と呼んでしまうことはありませんか？　それを「○○さん」とその方の名前でお呼びしてはどうでしょう。すると、誰かの母や父ということではなく、「私」として承認されていると感じられるのではないでしょうか。

このように、ストロークを意識したコミュニケーションは、相手の自尊心を育み、保育環境全体を良くする効果があります。同時に、保育者自身も、子どもたちや同僚からのポジティブなストロークを受け取ることで、仕事のやりがいを感じ、自己成長につなげることができるのです。

相手に届く接し方は、日々の小さな実践の積み重ねで身につきます。常に相手のことを思い、感謝や承認を伝え、より良い関係性を築いていきましょう。

今日からできるアクション！

- 毎日、同僚や子どもたち、保護者に対して、感謝や承認の言葉を伝える。
- 相手の話をさえぎらず、最後まで聴く姿勢をもつ。
- 非言語コミュニケーション（表情、姿勢、声のトーンなど）にも気を配る。

47 「聞く」と「聴く」の違い

子どもが言おうとしていることを先回りして答えてしまったり、後輩や保護者からの相談を「どう返事しようか」と考えながら聞いていたり……といったことはありませんか？　こういった姿に思い当たる部分があるならば、「聴く」ことができていないといえるかもしれません。

「きく」には「聞く」と「聴く」があり、これらには大きな違いがあります。

「聞く」とは、単に音や言葉を耳に入れることです。たとえば、朝の登園時に保護者から「昨日、子どもが熱を出したんです」と聞いて、「わかりました」と返すのは、「聞く」の典型例といえるでしょう。情報を浅く入れて打ち返しているだけですね。

一方、「聴く」は、その場の情景や、言葉の奥にある思いや感情まで察することです。その状況に自身も身を委ね、熱を出した子どもや、その状況にいる保護者の心持ちをイメージして、浸ります。そして、「こんな気持ちだったかもなあ」「大変だったろうなあ」と感じるからこそ、「大変でしたね。お子さんの様子はどうでしたか？」と尋ねることができます。これが「聴く」ということです。**相手の話を、体の中でグルグルめぐらせて、一体化する。**そんな感覚です。

相手から相談事をされて「どう答えようか」と考えながら聞いているときは、答えることに意識が向いているので、情景や言葉の奥にある思いや感情まで察することができません。そしてそれは、相手にも伝わってしまいます。

ある園で、ベテラン保育者と新人保育者の会話を耳にしたことがあります。新人が「最近、Cちゃんの行動が激しいのが気になって」と話し始めると、ベテランはすぐに「Cちゃんね、最近、家庭環境が複雑になってきているることが関係してるんじゃない?」と自分の考えを伝え始めました。これは「聞く」にとどまっている例ですよね。

もしも「聴く」姿勢であったならば、まずは、Cちゃんがそういう行動をとっている理由を考えたり話したりする前に、新人保育者の心情に思いを馳《は》せることができたと思います。「激しい行動が気になって」という言葉を受け止め、体の中をグルグルめぐらせることで、「初めてのケースに戸惑っている」「どうしたらいいかわからず悩んでいる」「自信をなくし始めている」、そんな心情を察することができるように思います。

だからこそ、いきなりCちゃんの行動の要因や解決策について話し始めるのではなく、「そっか、Cちゃんの行動が気になっているんだね。心配に思うよね」と共感することができるのです。

「聴く」ことは、相手を理解したいという気持ちが出発点です。「どう答えようか」「どう解決しようか」という姿勢では、なかなか「聴く」ことはできません。一方で、答えなければならないとき、解決しなければならないときもありますよね。そんなときも、まず「聴く」ことで、相手も納得する解決策につなげることができるはずです。

今日からできるアクション!

- □「どう答えようか」と考えずに聴く。
- □相手になりきった感覚で、相手が話している内容の世界(状況)に浸ってみる。
- □その中での相手の心情を察しようとする。

48 「伝える」と「伝わる」の違い

日々保育を進める中で、「伝えたのになんでやってくれないの」というもどかしさを感じたことはありませんか？　それは「伝える」と「伝わる」の間に大きなギャップがあるからです。

ベテラン保育者のDさんは、新人のEさんに「午睡の準備をしておいてね」と伝えました。Eさんも「わかりました！」と元気よく答えたため、Dさんは安心して任せていました。しかし、いざ午睡時間になりその部屋に行ってみると、布団が敷いてあるだけで、布団の位置がいつもと違っていたり、カーテンも閉まっていません。Dさんは「ちゃんと伝えたのに」「わかりましたと言ったのに」と困惑したのですが、なぜこうしたことが起きたかというと、「伝えたけど伝わっていなかった」からです。

つまり、Dさんは午睡準備の具体的な内容を教えていませんでした。なぜDさんは、具体的な内容を伝えなかったのでしょう？　それは、私たちは無意識のうちに**「相手も私と同じものを大切にしている」し、「私と同じ知識や経験をもっている」と思い込んでしまう**からです。また、**言葉の解釈が人それぞれ異なる**ことも要因の一つです。

どういうことかというと、人によって重要と思うものが違います（項目39参照）。たとえば、「丁寧さ」を第一に考える保育者もいれば、「タイパ」（タイムパフォーマンス：時間効率）を第一に考える保育者もいます。Dさんは「丁寧さ」を第一に考えていて、「Eさんも私と同じように丁寧さを大切にしているだろう」と思い込み、説明が不足したのです。同じように、「知識や経験」についても、相手も私と同じようにもっていると思いがちです。

こうしたズレが、言葉の解釈のズレにつながっているのです。「〇〇さんに確認しておいてね」と伝えた場合の「確認」という言葉一つとっても、〇〇さんに「聞く」ことをイメージする人もいれば、「聞いたうえで不明点があれば質問をして理解する」までをイメージする人や、確認したうえでの「報告」までをイメージする人もいます。また、直接話して聞くのか、メールやチャットで聞くのかなど、その方法についてもイメージするものが違うはずです。

では、どうすれば「伝わる」コミュニケーションができるでしょうか?

まず、自分と相手では、重要とするものや考え方、知識や経験が違うという前提に立つことで、相手の立場に立って考えることができ、それに合わせて伝えられるようになっていきます。

その結果、「午睡の準備」ではなく、「一つずつ、いつもどおりの場所に布団を敷いて、カーテンも閉めておいてね」と伝えることができるはずです。そして、相手の理解を確認することも重要です。「今の説明でわからないことはありますか?」と尋ねたり、相手に説明内容を復唱してもらったりすることで、確実に伝わったかどうかを確認できるはずです。

これらは、同僚だけでなく、子どもや保護者とのやりとりでも大切になるはずです。

今日からできるアクション!

- 自分と相手では、重要と思うものや、知識・経験が違うことを前提にする。
- 相手の立場に立って具体的に伝える。
- 不明点の有無など、伝わっているかどうか確認する。

49 一方的に話しすぎていませんか

あなたは同僚や保護者、子どもたちとどのようにコミュニケーションをとっていますか？「あ、私ばかり話してる」と感じることはありませんか？　保育者として、1人の人として、伝えたいことがたくさんあるのは当然です。しかし、長々と話しすぎることで伝えたいことが相手に届いていない、なんてことも起きてしまいます。

たとえば、あなたの同僚が一生懸命伝えようとしていても、その話が長く、内容もあちこちに飛んでいたら、聴いている側は少しずつ集中力を失い、話が頭に入ってこなくなってしまいますよね。たくさんのことを一度に伝えようとすると、相手の理解が追いつかず、会話が一方通行になりがちです。コミュニケーションはキャッチボール。**相手の反応を見ながら、双方向でやりとりすることが大切**です。「自分は話しすぎているかもしれない」と感じたならば、一度立ち止まって、話し方を見つめてみましょう。

話が長くなる理由としては、いくつかのパターンが考えられます。まず、話し始める前に内容を十分整理していないため、頭に浮かんだことをそのまま口に出し、結果的に話が散らばってしまうパターン。結局何が言いたかったのだろう？　という結果になってしまいます。

また、相手の関心や反応を気にせず、自分が伝えたいことばかりに焦点を当ててしまうパターン。この場合、相手にとっては聴いていること自体が苦痛になることもあります。

他にも、相手にきちんと理解してほしいと考えすぎるあまり、たくさん説明を加えてしまうパターン。「わかりやすく伝えたい」という思いが強くなると、細かく説明しすぎてしまい、かえって何を言いたいのかがぼやけてしまいます。特に、相手がすでに知っていることや、簡単に理解できることでも、念入りに話しすぎると逆効果になりがちです。

さらには、無意識のうちに自分を大きく見せようとしたり、自信のなさを隠そうとしたり、話の主導権を握り続けようとして話が長くなってしまうパターンもあるでしょう。

保育の現場では、自分の経験や思いを他者と共有することが重要です。しかし、**相手のことを考えて、話す内容や話し方に気を配る**ことも大切です。

では、具体的にどのようにしたらよいでしょうか。次のアクションを参考にしてみてください。話し方を少し変えるだけで、保育現場でのコミュニケーションがより効果的に、そしてスムーズになるかもしれません。

今日からできるアクション！

- □ 話す前に、伝えたい要点を三つに絞る。
- □ 会話中、相手の反応を意識しながら、話のペースを調整する。
- □ 自分が話す時間と、相手が話す時間のバランスを意識する。

50 ネガティブな発言の背景を想像する

あなたの職場で、ネガティブな発言を耳にすることはありませんか？「やる気が起きない」「疲れた」「自信がない」「これをする意味がわからない」「これ私の仕事ですか？」などなど、ネガティブ発言にもさまざまな種類がありますよね。こうしたネガティブな発言をされたとき、あなたはどのように対応していますか。

たとえば、ある保護者が「行事についての園からの連絡が遅すぎますよね！」と強い口調で話してきたとき、あなたならどう考えますか。

もちろん、連絡が遅くなったのが事実であればすぐに謝罪・改善しなければなりません。しかし、それだけでは問題の本質にはたどり着いていません。というのも、強い口調で話すほどその保護者の気持ちを揺さぶってしまったのには、遅くなったという事実だけでなく、より深層の問題が潜んでいるはずだからです。

連絡が遅くなったことが続いていたため、溜まりかねての発言だったのかもしれませんし、他にも不満を抱くようなことが溜まっていたのかもしれません。それらに目を向けない限り、今回の問題だけを解決しても、深層の問題解決には至りませんよね。

あるいは、その保護者が勤める会社では時間の扱いが厳しくて、園の対応が非常にルーズに感じたということもあるかもしれませんし、仕事と家庭との両立の中で過度なプレッシャーにあったのかもしれません。

重要なのは、**相手のネガティブな発言に直接的に反応するのではなく、その裏にある背景を探ることです**。ネガティブな発言自体は、あくまでも表面的な問題です。直接その発言を否定したり、考え直させようとしても、根本的な解決にはつながりません。そのため、まず「なぜ相手はこのような発言をしているのか？」という視点でその発言をとらえることが大切です。

その発言の表層だけでなく、その**背景や深層に思いを馳**《は》**せたり、対話していくからこそ、発言の背景にある感情や状況に共感でき、問題の本質にアプローチすることができる**のです。

ネガティブな発言の裏には、本人が抱える困り事や悩みやストレス、プレッシャーが隠れていることが多いのです。表層的な言葉にとらわれるのではなく、その深層にある背景に目を向けることで、ともに解決策を見つけることができるはずです。

今日からできるアクション！

- □ 即座に反論・反応せず、一度立ち止まる。
- □ 相手の発言の背景にある感情や状況を想像してみる。
- □ 問題の本質にアプローチできるように、相手と対話し、ともに解決策を考える。

51 相手に確認しながら話す

「なんでそう解釈したの？」と感じた経験はありませんか。

「（新人保育者の）Fさんが言われたことしかやらないんです」とGさんから相談を受けた主任は、「Fさんは、たくさんの情報に戸惑っているのかもしれないね。少しずつ進めていくのはどう？」とアドバイスしました。しかしその数日後、Gさんが同僚に「主任からFさんとかかわるのを減らせと言われた」と言っているという話を耳にしたのです。つまり、主任が伝えた内容とGさんが受け止めた内容に大きなズレが生じていたのです。

このようなズレは、コミュニケーションの中でよく生まれます。なぜなら言葉は、相手の状態によって受け止め方が変わるからです。たとえば、ものすごく落ち込んでいる状態で「がんばれ」と言われるのと、意気込んでいるときに「がんばれ」と言われるのでは、受け止め方は違いますよね。

先ほどのGさんは、主任に「新人のFさんの育成に困っていることに共感してほしい」「ねぎらってほしい」と思っていたのかもしれません。しかし、すぐに具体的なアドバイスを受けたことで、「自分の至らなさを指摘された」と思ってしまい、「少しずつ進めていく」ということを、「かかわりを減らすように言われた」と解釈してしまったのではないでしょうか。

それではどのようにすればよかったのでしょう。それは、まずは相手の話を聴くことが大切です（項目47参照）。そして、その言葉の背景を想像してみましょう（項目50参照）。そのうえで、相手に確認しながら話すことを意識してみてください。

たとえば、「それって○○ということ？」と、相手の思いを確かめながら進めることで、相手は聴いてもらえていることを実感でき、思考も整理されていくはずです。「今、Fさんは、言われたことしかやらないってことなんだね？」とか、「Gさんは、Fさんにもっと自分から動いてほしいと思っているということで合ってる？」と確認してみるということです。するとGさんは、自分がFさんの育成のどこに悩んでいるのか冷静に考えることができたり、主任の言葉を受け止めやすくなるはずです。

また、「ここまででわかりにくい点はある？」と不明点を尋ねるようにしたり、話し終えた後に「どんなふうに理解したか教えてくれる？」と確認することも効果的です。伝える側は、「伝わっているはず」と思って伝えているので、理解のズレに気づかず話し続けてしまいがちです。一方で、聞き手は「今のところ、わかりませんでした」とはなかなか言いづらいですし、そのまま話が進んでしまうと、結局最終の着地点がズレてしまっている、ということにもなりかねません。

同僚や保護者、または子どもたちと話すとき、こうした確認を取り入れることで、とらえ方のズレを減らすことができるはずです。

今日からできるアクション！

- □ 相手の話を聴いて、背景を想像する。
- □ 相手の言いたいことを確認するように「○○ってことですか？」と尋ねる。
- □ 「ここまででわからないことはない？」「どんなふうに理解した？」と確認する。

52 目的と結論から話す

つい長々と話してしまうということはありませんか？　同じ内容でも、より的確に伝えられたら、話をさらに深めることができたり、他のことに時間を使うことができるはずです。だからこそ「目的と結論から話す」スキルは、とても大切になります。

たとえば職員会議の際、同僚の発言に「この人は結局のところ、何を伝えたいのだろう」「この話はどこにいくのだろう」と思ったことはありませんか。

その場合、最初に「報告です」「相談です」と目的を伝えてくれたら、モヤモヤしなかったかもしれません。「この話は何が目的なのだろうか？」と考えながら聞いていると、意図を探ることに意識が向かってしまい、話がすんなり入ってこなくなります。

ここから得られる教訓は「目的と結論から話す」ことです。つまり、**最初に目的を伝え、次に結論を話すと、とてもスムーズなコミュニケーションになります**。

たとえば、あなたが上司に報告をする際、「報告したいんですけどいいですか（目的を伝える）。今日、荷物の入れ間違えがありました（結論を話す）。経緯としては……（詳しい内容）」といった具合です。このように、話の趣旨を最初に伝え、その後で詳細に触れることで、相手も目的を理解しやすくなります。

同僚との会話でも同じです。「〇〇について迷っているので相談させてください」と結論から伝えることで、相手も「この話は相談なんだ」と理解したうえで耳を傾けてくれるはずです。もしそうした導入がなく、前置きが長くなってしまうと「この話は何の目的で、どこに向かっているのだろう？」と想像しながら聞かなければなりません。そうすると、要点を見失ってしまいます。

以前、ある保育者から話しかけられた際、「最近、うちの園が〇〇で～」と始まり、その園の状況説明が続きました。その状況はよくわかったのですが、その保育者が何の目的で話そうとしているのかがなかなか見えてきませんでした。報告なのか、相談なのか、質問なのか、ただ単に聴いてほしいのかと。

そこで、「園の状況としてはよくわかったんだけど、その状況を私に伝えたかったの？　相談や質問をしたかったの？」と尋ねたら、少し考えてから「後輩の育成に悩んでいるので、アドバイスがほしかったんです」と言われました。

このケースは、話している本人も何の目的で話しているのか迷子になってしまったケースです。最初に結論から話すことで、話しながら迷子になることを防ぐこともできます。

人に何かを伝えるときは、次の点を意識して話し始めるようにしましょう。

今日からできるアクション！

- 何を話したいのか整理してから話す。
- 「報告です」「相談です」「質問です」「情報共有です」と、まず話の目的を伝える。
- 伝えたい内容の「結論」から話し、その後で詳細を説明する。

53 一句点を意識して話す

あなたの周りに、話が長いなと感じる人はいませんか？　あるいはあなた自身が、話の長い人になっているかもしれません。実は、話が長い人には共通点があるんです。それは、一文がとても長いこと。相手に伝わりやすく話すためには「句点」、つまり「。」を意識することがとても重要です。

話の長い人は、話に「。」を付けることなく「、」でつなげてしまうため、その一文が結末を迎えないまま、次の話題にどんどんと転換してしまうのです。

たとえば、「Hちゃんが友だちと本の取り合いになったんですけど、Hちゃんは自分の思いを言葉で伝えることができなくって、でもそこにJちゃんが来て『ケンカはよくない』って言ってくれたんだけど、私はそのとき感動してしまって、だって、Jちゃんのそんな姿はそれまで見たことがなかったし、春から比べたらすごい成長したなと思ったんですけど、どうして彼女のそんな姿につながったのかって思ってたら、やっぱり友だちとの関係がずっとできてきて、いっぱい遊ぶようになってて、だからそういうのが……」と延々と続いていくわけです。

このように、話の中で句点「。」が少なく、ひたすら「、」でつながれた長い文になると、聞き手はどう感じるでしょう。

まず、情報をしっかり理解していくことが難しくなりますよね。情報が次々と押し寄せてくるので整理しづらくなります。また、途中で質問したいことがあっても、話が途切れないので、質問するタイミングをつかめません。相槌《あいづち》すら打てなくなります。ですから、相手に聴いてもらうためには、話し言葉にも句点「。」を付け、一文を短く区切ることが大切なんです。

句点「。」で区切らず話し続けてしまうのは、何を話すか話しながら考えているか、**その場で思いついたことを思いついた順番で、読点「、」でつなげて話している**からではないでしょうか。

句点「。」で区切らず話し続ける人の傾向として、本人が最初に話したかったことと、実際の話の着地点にズレが起こるという点が挙げられます。つまり、頭に浮かんだことを読点「、」でつなげて話し続けてしまうため、話が次々に展開し、最初に伝えたかったことがどんどん広がったり逸れたりしてしまうのです。その結果、相手に伝えたい内容もぼんやりしてしまい、結局何を一番伝えたかったのかがわからなくなってしまうわけです。このように話が長くなると、要点を見失い、話している本人も相手も迷子になってしまうことが起こるのです。

スムーズなコミュニケーションを図るためにも、次の点を意識して話してみましょう。

今日からできるアクション！

- ☐ 話すときに一文を短くすることを意識し、適度に句点「。」を付けて話す。
- ☐ 一方的な話にならないように、話の途中で相手が質問できる間をつくる。
- ☐ 話の内容が広がりすぎないように、最初に伝えたい要点を意識して話す。

54 「なぜできないの？」ではなく、「どうしたらできると思う？」と問いかける

保育現場では、毎日さまざまな問題や課題に直面しますよね。もちろん、誰もが完璧に仕事をこなせるわけではありません。失敗することもあれば、できないこともあって当然です。大切なのは、その失敗や困難にどう向き合い、成長していくかです。

あなたは相手に「なぜできなかったの？」と問いかけたことはありませんか？　たとえば、相手が書類の提出期限を守らなかった場合、「なぜ間に合わなかったの？」というように。しかし、この「なぜ？」という質問は、過去や現在の失敗に焦点を当てるため、問題の原因を探ることには役立ちますが、相手の成長や改善につながりにくい問いかけです。

育成の場で本当に重要なのは、**未来に目を向ける**こと。「どうしたら次はうまくいくと思う？」と問うことで、改善のための考えを促すことができます。前述の例であれば、「次はどうやって期限内に提出できると思う？」と問いかければ、相手も前向きに解決策を考えるきっかけになりますよね。

なぜ、改善のための考えを促すことが大切かというと、人から指示されたアイデアよりも、自分で考えたアイデアや解決策のほうがやりたくなるからです。先輩が後輩に「次からはこうしてね」と解決策を指示した場合、自分のアイデアではないのでモチベーションは高まりにくいですし、「自分で解決できた」と思いにくくなります。一方で、「どうしたら次はうまくできると思う？」と聞かれ、自分から出てきたアイデアなら、自然とやる気と責任感が生まれてくるでしょう。

私たちの園では、毎年の事業計画を園長が職員とともにつくっていますが、今この園では何が課題でどうしたら解決できるだろうかと、対話の中から解決策を見出していきます。

園長が「うちの園は保育環境がまだまだだから、来年度は各保育室の環境充実を目標にしよう！　5歳児クラスは、動線が悪いから動線の改善ね。4歳児クラスは玩具《がんぐ》が少ないから、もっと玩具を置こう」と指示したら、担任のあなたはどう思いますか？　きっと面白くありませんね。結果的に同じ解決策で進めるにしても、自分たちで考えて見出した方法でやりたくなるはずです。

だからこそ私たちの園では、毎年の事業計画を考える際に、自分たちで問題の洗い出しや解決策の検討、そして役割分担までを行っているのです。

これは子どもたちとのかかわりでも同じです。「なぜできないの？」「どうしてそんなことしたの？」と尋ねるよりも、「どうしたら次はうまくできるようになると思う？」と尋ねたほうが、子どもたちも行動したくなりますよね。あなたが「こうしよう」「ああしよう」と指示するよりも、子どもとともに考え、子どものアイデアを反映させていくほうが、子どもの主体的な姿につながるはずです。「なぜできないの？」と失敗の原因を探るだけでは、未来に進む力にはなりません。むしろ、**「どうしたらできる？」という前向きな問いかけが、相手の成長や主体性を引き出すカギとなる**のです。

今日からできるアクション！

- ☐ 相手がうまくいかなかったときに、「どうしたらできると思う？」と問いかける。
- ☐ 指示をするよりも、相手とともに考え、アイデアを引き出すかかわり方をする。
- ☐ 本人がやりたくなるような言葉かけや環境づくりをする。

55 「なぜ」ではなく「何が」で尋ねる

前項では、「なぜ?」ではなく「どうしたら?」と問うことの大切さを書きました。一方で、「なぜそんなことになったのか?」「なぜそうしたのか?」と理由を明らかにしたい場面もありますよね。そんなときは、どうしたらいいのでしょうか? 「なぜ」という問いかけには、相手を追い詰めたり、責めたりするニュアンスが含まれてしまうことがあるので、慎重に使いたい言葉です。

たとえば、書類の提出が遅れてしまった新人保育者に、「なぜ遅れたの?」と尋ねたら、本人はどんな反応をするでしょう。相手は責められているように感じ、自分を守るための言い訳を探し始めます。しかし、あなたは責めているわけでも言い訳を聞きたいのでもなく、単に何が起こったのかを知りたいだけ。しかし返ってくるのが言い訳になるとしたら、解決策を見つけるための話し合いになりませんよね。これは相手が悪いのではなく、問い方がマズいのです。「なぜ?」と問うことで、防御的な反応を引き出してしまっているのです。

そんなときこそ、**「なぜ」ではなく「何が」で尋ねて**みてください。書類の提出が遅れた場面でも、「何がそうさせたの?」と聞くことで、自分の行動を冷静に振り返り、状況を説明しやすくなります。

「何が」で始まる問いは、相手に言い訳をする必要を感じさせず、事実や背景に焦点を当てることができるため、より深くその要因が語られやすいのです。そして、次の解決に向けた対話のきっかけになっていくことでしょう。

毎日の連絡帳への記入がいつも遅れてしまう保育者Kさん。見かねた先輩保育者のLさんが、「なぜいつも遅れるの?」と尋ねました。するとKさんは、「時間が足りなくて……」「他の仕事があって……」と答えただけでなく、しまいには「そもそも仕事が多すぎませんか?」と、ベクトルを自分の外側に向けてしまいました。

そんなLさんから「どうしたらいいんでしょう?」と相談があったので、『何が』で尋ねてみてごらん」とアドバイスしました。Lさんは数日後、改めてKさんに、「連絡帳の記入が遅れているのは、何がそうさせているの?」と尋ねてみたとのこと。すると、彼女は少し考えた後で「どう書いたらいいのか、言葉が出てこなくて時間がかかってしまうんです」と言い、「助けてくださいって言えなくて、最後まで抱え込んで遅れてしまうんです」と話してくれたようです。

最初の返答と大きく違うのがわかりますよね。Lさんは、背景や具体的な問題を聞いたことで、具体的な解決に向けて一緒に考えていくことができました。

問い方を少し工夫するだけで、相手からの答えが大きく変わります。「なぜ」と責めるような言葉ではなく、「何が」で尋ねることで、自分自身の行動を冷静に振り返ることができ、建設的な会話が生まれやすくなります。ぜひ意識してみてください。

今日からできるアクション!

- □「なぜ」と尋ねたくなったとき、いったん落ち着いて「何が」で問いかけてみる。
- □相手が話しやすい雰囲気をつくり、背景に目を向けるよう促す。
- □相手が冷静に自己分析できるよう、焦らずに耳を傾ける。

56 「でも」「だって」は言い換える

「でも、それは難しい」「だって時間がない」というように、ついつい「でも」「だって」「しかし」と言ってしまっていませんか？

「でも」は相手の発言を否定する言葉で、「だって」は言い訳を表す言葉ですよね。そのため、「でも」「だって」「しかし」の多い人に話しかけるとき、「きっと『でも』って言うんだろうな」「きっと言い訳するんだろうな」と思い、話しかけづらくなってしまいます。

では、どうしたらいいでしょう。まずは「でも」を「そうね」や「ところで」に変えてみましょう。

たとえば、こんなケース。

Mさん：このクラスの子どもたちは元気いっぱいね。

Nさん：でも、けがも多くて心配なんです。

これを「そうね」といった肯定的な言葉でつないでみましょう。

Mさん：このクラスの子どもたちは元気いっぱいね。

Nさん：そうなんです、けがも多くて心配なんです。

意味合いは同じですが、前者はすかさずMさんの言葉を否定している印象になりますよね。

次はこんなケース。

Pさん：今度の生活発表会はスタイルを変えてみたいんですけど。

Qさん：でも、職員は対応できるの？

これを「ところで」に変えてみると、

Pさん：今度の生活発表会はスタイルを変えてみたいんですけど。

Qさん：ところで、職員は対応できるの？

いかがでしょう。前者は否定され、後者は変える前提に立った視点で聞かれている印象になります。

「だって」は「そうですね」や「なるほど」といった、いったん受け止める言葉に変えてみましょう。

Rさん：あのとき、もっと工夫できたかもね。

Sさん：だって、やることがたくさんあったんです。

これを「そうですね」に変えると、

Rさん：あのとき、もっと工夫できたかもね。

Sさん：そうですね。やることがたくさんありましたが、どうすればできたか考えてみます。

ポイントは、「だって」と言ってしまうと、その「だって」につられて言い訳が出てきてしまいますが、「そうですね」といったん受け入れることで、その後に出てくる言葉も変わるということです。だからこそ、最初に出てくる言葉を変えるのは、とても効果的なんです。

そして、**「でも」「だって」を置き換える**と、相手にポジティブな印象を与え、建設的な対話が生まれます。まずは、自分が「でも」「だって」をどれだけ使っているか、意識してみてください。それらを「そうですね」や「ところで」に置き換えることで、コミュニケーションがスムーズに進むでしょう。

今日からできるアクション！

- 自分が「でも」「だって」をどれだけ使っているか意識して数えてみる。
- 「でも」「だって」を「そうですね」「ところで」に置き換える。
- 前向きな言葉遣いで、相手の意見を尊重しながらコミュニケーションをとる。

57 注意するときの場所と時を考える

働くうえでは、同僚や後輩に注意や指摘をしなければならないこともありますよね。そんなとき、どのように伝えていますか？　注意や指摘をされるのは、誰にとっても気持ちのよいものではありません。だからこそ、誤解なく伝えることが重要なのに、伝え方を間違えると相手を傷つけたり、根にもたれることになりかねません。

園庭で遊んでいるとき、保育者Tさんの背後で子ども同士が玩具《がんぐ》を取り合い、持っていた玩具で相手の頭を叩《たた》いてしまうという出来事がありました。その日の職員会議で、主任はTさんに「視野を広くもって保育にあたろう」と注意しました。しかしTさんは、「みんなの前で責められた」と感じて、落ち込んでしまいました。

こういう場合は、どうするとよいのでしょうか。注意や指摘をする場合は、できる限り、個別に行うことが大切です。なぜなら、他の人たちが見聞きしているところで注意・指摘することで、相手のプライドを傷つけてしまうからです。

グループチャットなど、他のメンバーも見ることができる場所で、文章で注意・指摘するのは、一番リスクがある方法といえます。ニュアンスや雰囲気を伝えられませんし、相手の反応が見えないのでフォローもできませんよね。しかも、文字として残ってしまいますので、人によっては「公開裁判」をされたと感じる人もいるでしょう。

しかし、個別に行えば、相手の思いや言い分も聞くことができますし、相手の反応を見ながら対話することもできますよね。さらには、**メールやLINEなどの文章よりも、口頭のほうが望ましい**です。

そして、**伝えるタイミングも非常に重要です**。時間が経つと、出来事そのものを相手が忘れてしまうこともあるため、その日のうちに、できればその場で伝えられるといいですね。

先ほどのTさんのケースであれば、他の職員がいないタイミングを見計らって「さっきの外遊びの場面なんだけどね」と伝えることで、Tさんは前向きに改善に取り組むことができたはずです。他の職員にもその重要性を伝えたいときは、Tさんに個別に伝えたうえで、「今回のことは、園全体にとってとても大切なことだから、職員会議で視野を広くもって保育を行うことの大切さを伝えてもいいかな」と、事前に同意を得ておくことで、みんなの前で責められたとは感じなくなるでしょう。

注意や指摘をするのは、相手を責めたり追い詰めたりするのが目的ではありません。相手の成長を願って行うものですよね。だからこそ、伝える方法やタイミング、場所をしっかり選んで行うことが大切になります。そうすることで相手も前向きに受け止め、成長につなげることができるのです。

今日からできるアクション！

- 注意や指摘をするときは、必ず個別で行う。
- 可能な限り、口頭で直接伝えるようにする。
- 注意はその日のうちに、できるだけ早く伝える。

58 フィードバックの目的を間違えない

『フィードバックするとは「裸の王様」をつくらないこと』（項目36参照）でも書いたとおり、フィードバックとは、一言でいうと、成長のための情報提供です。付け加えるならば、フィードバックとは、目標や成長に向かって相手が気づいていない部分を伝える行為で、相手の成長を促すための手段です。

さて、あなたは相手にフィードバックをするとき、つい、あれもこれもと付け足してしまった経験はありませんか？　フィードバックは相手の成長を支えるためにとても大切なものですが、伝え方を間違えると逆効果になってしまうことがあります。

Uさんは、保育者になって3年目のVさんのことが目について仕方ありませんでした。最近のVさんは、元気がなく、ミスも増えて、やる気のない態度に見えていたからです。そんなある日、Vさんの目の前で子どもがヒヤッとする遊び方をしていたのに、Vさんはそれに気づけていませんでした。

Uさんは、その日の午後、ちょっとした時間を見つけてVさんに、「子どもが危ないことをしていないかという視点でも見ておいてね」と伝えたのですが、「この際、最近気になっていることを伝えよう」と思い、「そういえば、提出物が最近遅れがちになってない？」とか、「保育の準備もあまりできていないように感じるんだけど」「この頃、挨拶《あいさつ》が少し元気ないと思うんだよね」と、あれこれと付け加えてしまいました。

最近、Vさんのことが気になっていたUさんとしては、「どうせ話すなら全部伝えておこう」と思ったのかもしれません。しかし、これではVさんは、話の内容よりも「ダメだし」をされた印象しか残らず、さらにやる気をなくしてしまったり、どこをどう改善すればいいのかがわからなくなったりして、具体的な行動の変化には結びつきません。

フィードバックの本来の目的は何でしょうか？　それは、**相手に反省を促すことではなく、行動を改善し、成長へと導く**ことです。この意識が薄いと、伝えることが目的化してしまい、いつ何をどのように伝えるかという大切な視点が欠けてしまいます。こうなると、「伝えたのに（改善しない）」「これまで何度も言ってるのに（変わらない）」といったことになるのです。フィードバックは行動を改善し、成長へ導くことが目的ですから、本人がそうしたくなるような伝え方が大切です。

今日からできるアクション！

- フィードバックは一度にいくつも詰め込まない。
- 改善点を明確にし、行動につながる言葉を使う。
- 相手の話も聴き、対話的に進める。

59 フィードバックは行為に対して

あなたは、上司や同僚からフィードバックを受けたとき、どのように感じますか？　褒《ほ》められるフィードバックは嬉《うれ》しいものですが、ネガティブなフィードバックや、ギャップを指摘されるフィードバックは落ち込んだりするかもしれません。しかし、それらがあるからこそ、成長につながっていくのです。

ただ、フィードバックというのは意外と難しいもの。上司は、相手の行為を改善してほしいと思ってフィードバックしただけなのに、受け取る側は「自分を否定された」「私はできない人なんだ」と受け止めてしまうことが少なくありません。あるいは、「責められている」と受け止めたりもします。

そうすると、その行為を振り返るのではなく、感情的に落ち込んだり、反発や言い訳をしたくなったりして、フィードバックの内容に耳を傾けられなくなりますよね。だからこそ、フィードバックは、相手の「行為」に焦点を絞って行うことが大切です。

子どもたちへの声かけが強くなりがちな保育者Wさんに、「Wさんはいつも子どもに厳しいよね」とフィードバックしたら、Wさんはどう反応するでしょう。落ち込んだり反発したり、自分そのものを否定されたように感じると思いませんか。

そのため、「さっきの場面で、WさんがYちゃんに、『なんでそんなことしたの』って聞いたとき、Yちゃんは泣きそうな顔になってたんだけど、どう思う？」「Wさんにどんな思いがあったか教えて」というように**具体的な場面や行為にフォーカスしてみる**のです。

相手に成長してもらいたいと願うなら、相手の人格ではなく、具体的な行為に焦点を当ててフィードバックをすることが大切です。そして、相手を思うからこそフィードバックすることや、行為にフォーカスしていることを伝えることも必要です。

フィードバックは相手を責めることではなく、成長を手助けすることであり、フィードバックを受け止め、改善につなげてもらう必要があります。そうしたフィードバックができるようになるには、**「気づいたら言う」ではなく「どうしたら伝わるだろうか」をじっくり考えて行う**ことが大切です。

今日からできるアクション！

- フィードバックは相手の成長を促すために行うことを改めて意識する。
- フィードバックは行為に焦点を当てて行う。
- フィードバックする前に、じっくり考える。

60 仕事の報酬は仕事

仕事が自分に偏っていると感じて、「どうして自分にばかり……」と思ったことはありませんか？　実は私も若い頃、同じように思ったことがあり、その際、先輩に言われた言葉が今でも心に残っています。それは「仕事の報酬は仕事」という言葉です。

当時の私は、「自分とあの人は、給料が変わらないはずなのに、どうして自分にばかり仕事が集まるの？」「不公平では？」と思っていました。しかし、先輩に教えてもらったとおり「仕事の報酬は仕事」と考えたら、見方が変わってきたのです。

どういうことかというと、もし大事な仕事を任せるとしたら、どんな人にお願いしたいと思いますか？　きっと、「この人なら大丈夫」「この人なら信頼できる」と思う人に頼みたいですよね。つまり、**仕事が集まるということは「信頼されている」ということ**なんです。

みなさんの周りにも、「あの人は仕事ができる」と思う同僚がいると思います。その人は、始めからそうだったのかというと、決してそうではないはずです。仕事を覚えて、たくさん経験する中で、信頼されて仕事が集まり、さらに経験が増える。そして、それらに前向きに取り組むからこそ、ますます信頼が高まり、また仕事が集まるというループ。同じように1年過ごしたとしても、1年の密度が大きく違うわけです。

「そんなループ大変だ」「割に合わない」と感じるかもしれません。しかし、お給料とは、スポーツ選手の年俸のように、今のお給料以上の仕事をしたとか、今以上の仕事ができるだろうと評価されるからこそ、上がっていくわけです。それに、前向きに取り組んでいる姿は必ず周りが見ています。「それ私がするんですか?」など不満をもって嫌々仕事をこなす姿も、しっかりと見られていることを忘れてはいけません。

そして、同じ仕事をするにしても、**どのような気持ちでその仕事と向き合うかによって結果が大きく変わります**。サッカーに例えるなら、嫌々蹴ったボールと、やる気満々で蹴ったボール、どちらが良い結果に結びつくでしょう。もちろんやる気満々で蹴ったボールですよね。

仕事も同様です。前向きに、自らの成長のために取り組む姿勢をもつ人のほうが、結果的に良い仕事を生み出し、そしてその姿勢は必ず周りに評価されるのです。

今日からできるアクション!

- □ 仕事を頼まれたときは、「信頼されている」証と前向きに受け止める。
- □ 同じ仕事でも、自分の成長の機会ととらえ、常にベストを尽くす姿勢をもつ。
- □ 自分の態度や表情が、周囲にどのように映るかを意識する。

第6章

仕事の進め方

61 信頼残高を高める

同僚から何かを頼まれたとき、すぐに「いいよ！」と喜んで引き受けたい相手と、そうでない相手がいませんか？　日々助けてもらっている相手から頼まれたら、自然と「この人のためなら」と思うでしょうし、逆にあなたのお願いを渋ったり、手伝ってくれない同僚から頼まれたら気が乗らないのではないでしょうか。さて、その違いはどこにあると思いますか。

ある日主任が、保育者Aさんに「ちょっと手伝ってくれない？」とお願いしたところ、Aさんは渋るような表情を見せました。

一方で、別の日に保育者Bさんに同じようにお願いしたところ、Bさんは「大丈夫です！」と快く引き受けてくれました。

主任も人間ですから、Aさん、Bさん双方からお願いごとをされたら、快く引き受けてくれたBさんのお願いをききたくなりますよね。

こうした違いは「信頼残高」という考え方で説明できます。信頼残高とは、相手との信頼関係がどれだけ積み上がっているかを指します。丁寧な対応や親切な行動、約束を守る姿勢などがあると、信頼残高は増えていきますが、逆に、無礼な態度や自己中心的な行動をとると、信頼残高は減ってしまいます（「信頼残高」について詳しくはスティーブン・R・コヴィーの『完訳7つの習慣』（キングベアー出版、

2013年）を参照のこと）。

Bさんのように、日頃から周りに親切で、困ったときにサポートしてくれる人は、自然と信頼残高が高くなります。そのため、Bさんが何かミスをしても許されたり、周囲もサポートしたくなりますよね。一方、信頼残高の少ない人がミスをすると、周りは「やっぱりね」「またか」と感じたり、サポートする気も薄れてしまったりします。

信頼残高を増やすためには、普段からの行動がとても大切です。たとえば、**同僚に丁寧に接すること**や、**相手の話を真剣に聴くこと。相手が困っているときに手を差し伸べること。そして、お願いされたことを前向きに引き受けること**などです。これらの小さな行動が積み重なって、信頼残高は増えていきます。そして、自分がミスをしたときは素直に謝罪し、次にどう改善するかを考えることも重要です。

保育の仕事は、チームで行うものです。信頼がなければ、スムーズに仕事を進めることは難しいですよね。だからこそ、日々の小さな行動でお互いの信頼残高を積み上げていくことが大切です。信頼関係が築けていれば、助け合いながら乗り越えることができるでしょう。

今日からできるアクション！

- ☐ 丁寧な対応や親切な行動、約束を守る。
- ☐ 何かを頼まれたときには前向きに引き受け、自分ができることをする。
- ☐ ミスをしたときは素直に謝罪する。

62 ホウレンソウは基本

より良い保育をするうえで不可欠となる「ホウレンソウ」（報告・連絡・相談）について考えてみたいと思います。

まず「報告」ですが、担当した仕事や起こったことについて、タイムリーに上司や同僚に伝えることです。

保育現場では、急な子どもの体調変化や保護者からの申し出、行事の進捗など、報告すべきことがたくさんありますよね。たとえば、子どもがけがをした場合など、報告の遅れが園全体の対応の遅れにつながります。しかし、「これくらいならいいかな」と思ったりして、報告しなかったり、遅くなったりすることはありませんか。

「これくらいならいいかな」と判断するのは、あなたではなく上司です。少しでも迷ったら報告しましょう。「これくらいなら報告しなくても大丈夫」と言われたら、次から報告しなければいいだけです。

次に「連絡」です。これは、必要な情報を関係者に正確かつタイムリーに共有することです。たとえば、行事の準備中に担当者が変更になったり、緊急の予定変更があった場合、その情報を早く共有しないと、他の職員や保護者に迷惑をかけてしまいますよね。

連絡力を高めるには、想像力を高める必要があります。この情報を届けることでどんな良いことが起こり、届けないことでどんな良くないことが起こるのか？　という想像力です。連絡漏れが生じているときは、こうした想像力が十分でないケースが多いように思います。

そして「相談」。迷っていること困っていることなど、たくさんありますよね。それをすぐに同僚や上司に相談することが大切です。1人で抱え込む必要はありません。1人で考えたいこともあるでしょう。しかし、**早ければ早いほど、取れる選択肢も多くなります**。相談をためらったり、自己判断で行動した結果、問題が大きくなることも少なくありません。

さらに「結果報告」ができる人は信頼度が高まります。

私が園長を務めていたとき、保育者のCさんに「Dさん（保護者）に保護者懇談会の件、連絡しておいてくれる?」と頼んだのですが、その日の夕方にCさんは「連絡しておきました!」と報告をしてくれ、とても安心したのを覚えています。

もし、Cさんが結果報告をしてくれなかったら、私は「連絡してくれただろうか」「Dさんはどんな反応だっただろうか」と気になりますよね。本人としては、依頼されたことが完了しているものの、依頼した側は完了したかどうかがわからないわけです。ですから、**依頼をされたら「結果報告」するまでが仕事**ととらえましょう。それは前項の「信頼残高」にもつながっていくはずです。

今日からできるアクション!

- □ ホウレンソウの判断基準を自分で決めず、まずはやってみる。
- □ 自分のホウレンソウがもたらす状況を想像する。
- □ 依頼を受けたら結果報告までを行う。

63 「どうしたらいいですか」ではなく「どうしたいか」

保育現場では、日々さまざまな問題や迷いが発生しますよね。私も職員から「どうしたらいいですか?」と相談を受けることも多いのですが、「どうしたい?」とか「どうするといいと思う?」と聞き返します。自分で考え行動することが、保育者としての成長につながるからです。

以前、保育者からこんな相談を受けました。相談内容は、「保育室の環境構成がいまいちワクワクしないんです。どうしたらいいでしょうか」というものでした。私は「どうしたいと思ってるの?」と問い返しました。すると、彼女は少し考えた後、「今子どもたちが興味をもっているものを置くようにしようと思います」と、自分なりの対応策を出したのです。

こんなこともありました。ある日、保育者が「どうすればEちゃんが安心して登園できるようになるでしょうか?」と聞いてきました。同じように、「どうしたいと思ってるの?」と尋ねたところ、彼女はすぐに「実は、Eちゃんが好きな絵本を朝の時間に一緒に読むのはどうかなと思ってるんです」と答えました。彼女にはすでに自分の中で「こうしたい」という思いがあったのです。

このように、自分の中には思いがあるのに、自信がなくて「どうしたらいいですか?」と尋ねるケースも多いように思います。

これらのケースからいえるのは、**自分の頭で考えることと自分の意見を表現すること**の重要性です。

「どうしたらいいですか？」と受け身で尋ねるのではなく、「こうしたい」と自分の意見をもとうとすることで、仕事への責任感や主体性が育っていくはず。

自分の意見をもたない人は、指示待ちになりがちですが、**自分はどうしたいかを考えるように習慣づけることで、何かあったときに、自分の頭で考えて動けるようになります**。

先ほどの例のように、自分の中に答えがあるにもかかわらず、言い出せないケースもありますよね。自分の意見に自信がもてないときは周りに依存してしまいがちですが、自分の意見を伝えられるようになると、自信もついていくはずです。

責任を負いたくないために「どうしたらいいですか？」と尋ねる人もいるように思います。しかし、子どもたちには、自分で考えて行動できる人になってほしいですよね。そう願うからこそ、子どもたちのモデルである保育者自身が、自分で考えて行動できる大人である必要があります。保育者自身が主体的に考え、問題解決を図る姿勢をもつことが、子どもたちにも良い影響を与えるのです。

今日からできるアクション！

- ☐ 相談する際は、「どうしたいか」を伝える。
- ☐ 自分の中にある意見や考えを、自信がなくても言葉にしてみる。
- ☐ 後輩や部下から「どうしたらいいですか？」と相談されたら、「どうしたいか」を尋ねてみる。

64 ○○だったらどう考えるか

仕事をしている最中は、いろいろな判断を求められますよね。しかも、状況に応じて最適な選択をしなければならないことが多いと思います。たとえば、保護者から相談を受けたときや、同僚が悩んでいる様子を見かけたときなど、ケースバイケースで判断しなければなりません。

「どうしたらいいですか？」と誰かに聞ける状況もあれば、そうでない状況もあります。だからこそ、一人ひとりが自分で判断できる力を身につけていく必要があるわけですね。

以前、ある保育者から「正職員の勤務時間を固定化すると働きやすくなると思うんですけど、できないんですか？」と相談を受けたことがあります。私は次のように答えました。

「なるほど、それは一案だね。一方で、そうすることで正職員でない人への負担が大きくなったりもするね。もしあなたが私の立場だったらどうする？」

その保育者は、しばらく考えて「やっぱり固定化は難しいですね」と答えました。**自分の考えではなく、他者の立場で考えることで、それまで見えなかった視点に気づく**ことができたのです。

このように、「○○さんだったらどう考えるか？」と他者の視点を借りることは、思考を広げるうえでとても効果的です。園長だったらどうするか？　主任ならどう判断するか？　信頼できる先輩ならどう考えるか？　このように思考を広げることで、自分の普段の考え方とは別の視点が得られます。その結果、視野が広がり、新たな判断基準が生まれてくるのです。

私自身、経営者として日々多くの判断を下していますが、その際に大切にしているのは多角的な視点です。もちろん、自分の経験や知識も重要ですが、「他の立場の人ならどう考えるか」という視点をもつことが、より良い決断につながることが多いと思っています。

なぜなら、人はどうしても自己中心的に考えてしまいがちだからです。同じコップでも横から見るか、上から見るかで形がまるで違いますよね。しかし、横から見ている人はそれが当たり前になっていて、別の見方があることに気づけていないことが多いのです。

同じように、同じ場面でも、人によって見方やアプローチは異なります。だからこそ、自分だけの視点で考えるよりも、他者の視点を取り入れることで、さまざまな可能性を踏まえて判断ができるようになるのです。

さらに、自分よりも職位が上の人の視点で考えることは、あなた自身の視野を広げ、成長へとつながっていくはずです。

今日からできるアクション！

- ☐ まずは自分がどうしたいか、どうすべきかを考える。
- ☐ 信頼する上司や先輩の視点でも考えてみる。
- ☐ 定期的に他者の意見を聞き、その判断基準を自分の中に取り入れる。

65 逆算思考で考える

あなたの周りにも、仕事が早くて段取り上手な同僚や先輩がいると思います。どうしたらそんなふうに仕事ができるのだろう？　と不思議に思うことはありませんか。実は、そういう人たちは「逆算思考」で考えていることが多いんです。

逆算思考とは、最終的なゴールを明確にしたうえで、ゴールから逆算して計画を立てる考え方です。たとえば、行事当日に向けて必要な準備を順に洗い出し、その期限を設定していくイメージです。こうすることで、やるべきことを漏らすことなく、無理のないスケジュールで進められるようになります。

新人保育者のFさんは、運動会の準備に追われ、毎日焦りを感じながら動いていました。一方で、ベテラン保育者のGさんは、ゆったりとしています。不思議に思ったFさんがGさんに尋ねたところ、「逆算して進めているから」と答えたとのこと。つまりGさんは、運動会当日に必要なものや動き方をリストアップし、そこから逆算して1か月前、2週間前、1週間前にやるべきことを段取りしていたのです。

逆算思考を身につけると、見通しがついて余裕をもって取り組めるようになります。さらに、他の業務との調整がしやすくなり、チーム全体の動きもスムーズになるはずです。逆に、行き当たりばったりで仕事を進めると、目の前のことに追われ、結果的に雑な対応になってしまいますよね。

では、逆算思考を身につけるにはどうしたらいいのでしょうか。

まず、**最終的なゴールを明確にする**ことが第一歩です。そして、そのゴールのイメージを具体化していきます。次に、そのために必要な準備を洗い出し、それぞれの締切を決めていきます。最後に、どのように進めていくかを細かく計画することで、全体の流れが見えてきます。

慣れないうちは難しく感じるかもしれません。しかし、**日々の仕事において、ありとあらゆることに逆算思考を取り入れて**みてください。慣れると、自然にゴールから逆算する習慣が身についてくるはず。

物事に取り組む前に、まずはじっくり考えることで、時間に追われず、質の高いものを届けることができるのです。

今日からできるアクション！

- ☐ ゴールを設定し、そのゴールから逆算してやるべきことをリストアップする。
- ☐ 行事や締切がある場合、早めに逆算し、余裕をもったスケジュールを立てる。
- ☐ 逆算した計画を実行に移す際、定期的に進捗を確認し、必要に応じて調整する。

66 ― 問題は何か

あなたの園には、どんな問題がありますか？　問題のない園はありません。「うちの園は問題なんてありません」と思う人がいたら、それは単に問題が目に入っていないか、現状維持のまま止まっている状態といえるでしょう。なぜなら、**目標と現在地とのギャップを「問題」という**からです。現状維持とは目標と現在地の差がない状態なので、「問題」がないということは、目標がない、または低いということになりますね。

そう考えると、保育の質を向上させ、良いチームをつくり上げるということは、今よりも高い目標に向かって、そことのギャップを埋めるための問題解決の連続ということです。

問題解決で重要なのは、「問題を特定すること」です。「あなたの園には今、どんな問題がありますか？」と尋ねると、「人が足りません」「時間が足りません」といった答えが返ってくることがあります。これは問題に見えるかもしれませんが、実は問題ではありません。

「どういうこと？」「それは大問題じゃないか！」と感じるかもしれませんが、ここで求められるのは「人が足りないことでどんな問題が発生しているの？」「時間が足りないことで何がうまくいっていないの？」という視点です。

ある園長に問題を尋ねたところ、「人が足りません」という答えが返ってきました。そして「だからすぐに採用が必要なんです」と言います。そこで、「人が足りないことでどんな問題が起きているの?」と問いかけると、お昼ごはんの際にアレルギー食材の誤配が続いたとのことです。

その原因を探ったところ、新しく入った職員のほとんどがマニュアルをきちんと読んでいなかったことがわかりました。人手が足りないということが直接的な原因ではなかったということです。

この場合、すべきことは新しい人を採用することではなく、マニュアルを読む時間や機会をつくったり、園内研修を実施することでした。もし「人が足りない」という表面的な問題に飛びついて採用しただけだったなら、マニュアルを知らない・読まない職員を増やすだけで、問題の解決には至らなかったことでしょう。

問題解決のカギは「問題を正しく特定する」ことです。これができなければ、どんな解決策も的外れになってしまいますよね。表面的な問題ではなく、それによってどんな影響が出ているのかという点に焦点を当ててみてください。

今日からできるアクション!

- □「問題は何か?」と考える時間をじっくりとり、洗い出す。
- □それらの問題によって、どんな影響が出ているかを考える。
- □問題が特定できたら、解決策を考える。

67 優先順位を考えて仕事をする

保育現場には、問題ややるべきことがいくつもありますよね。だからこそ、優先順位をつけて仕事を進めることが重要です。仕事ができる人は、優先順位をつけるのが上手です。「苦手だなあ」と思うようであれば、**「重要度」と「緊急度」という軸を使って考える**ことをお勧めします。

①重要かつ緊急な仕事

これは、最優先で対応すべきもので、多くの人が自ずとこれから始めようとする仕事です。子どもがけがをしたときの応急処置や、保護者への急ぎの連絡などが当てはまります。

②重要だが緊急ではない仕事

保育室内の環境構成や、これからの保育をどうするか考えることなどが当てはまります。保育にとって環境構成はとても重要ですが、今の環境のまま来月を迎えても、子どもはそれなりに遊びます。すると重要度は高いけれど、「今すぐ何

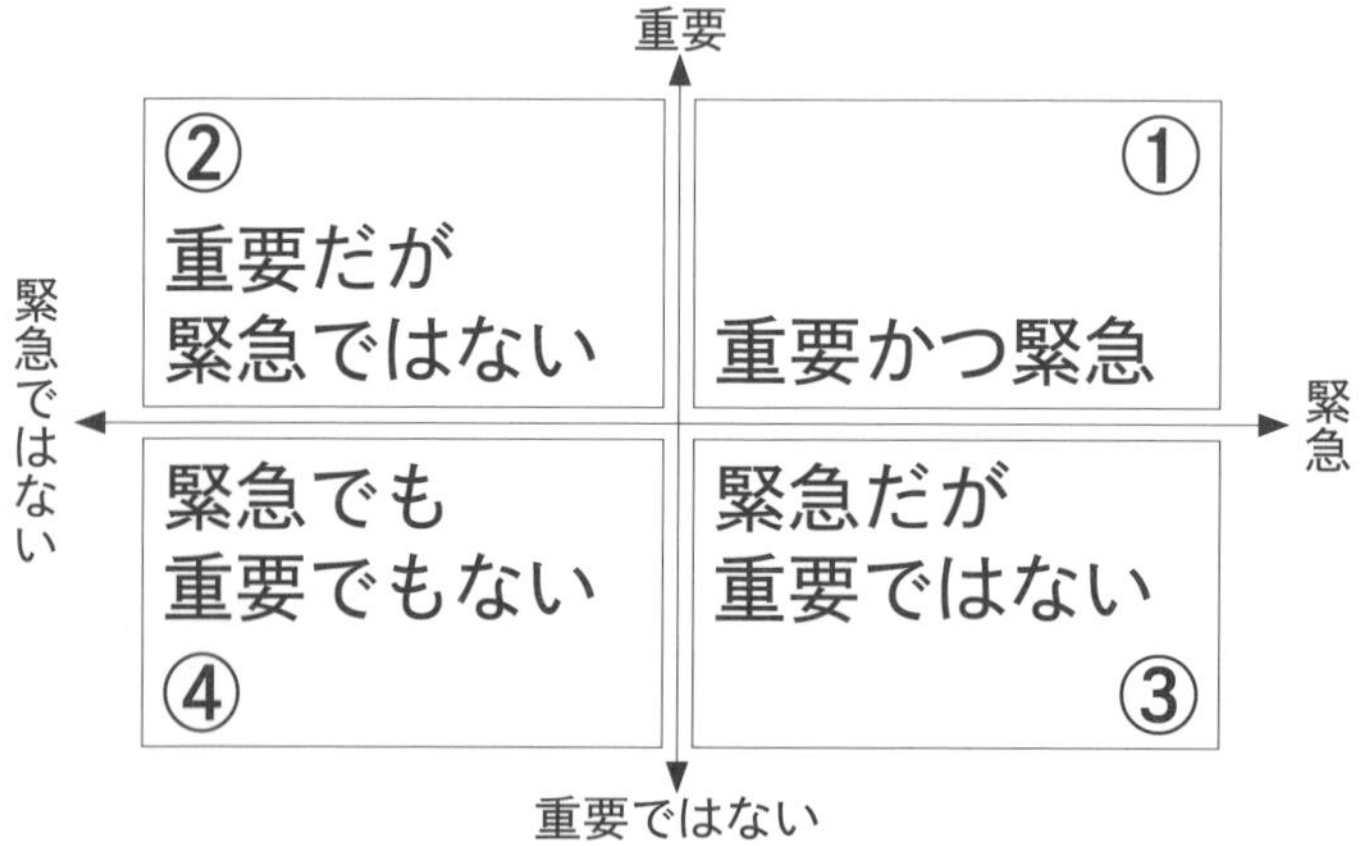

とかしなければ！」という思いにならず、つい後回しにしてしまいそうな領域です。

その他にも、**③緊急だが重要ではない仕事**、**④緊急でも重要でもない仕事**がありますが、仕事の段取りがうまくない人は、①③④に忙殺されてしまい、本当に取り組むべき②に時間を費やせていないように思います。保育の質を良くしていくためには、どれくらい②の時間をもてているかがカギを握っています。ですので、前述の四つのカテゴリーを意識して優先順位を立ててみましょう。

もう一つ、保育現場で仕事を進める際に重要なのが、**「タイムライン」を考える**ことです。特に、自分だけで完結しない仕事は、早めに相手にバトンを渡すことが重要です。バトンを渡すのが遅れると、バトンが自分に戻ってくるのも遅れてしまいます。一方で、バトンを渡したら、自分に戻ってくるまでに別のことができますよね。そのようにして、並行してさまざまな仕事が可能になるわけです。

仕事がたくさんあるのは問題ではなく、前提です。その中で、どのように進めるかは、優先順位をつけることがカギを握ります。仕事がきた順番や簡単な順番で仕事をしていると、いつまでも大切な仕事にたどり着けません。優先順位をつけるということを、しっかりと意識して行動してみてください。

今日からできるアクション！

- ☐ 今ある仕事を「重要度」と「緊急度」で分類し、最優先の仕事から手をつける。
- ☐ 他者と連携が必要な仕事は、タイムラインを意識して早めにバトンを渡し、自分は別のことに取り組み始める。
- ☐ 重要だが緊急ではない仕事が疎かになっていないか確認し、確実に手をつける。

第7章

さらなる成長に向けて

68 人はいつからでも成長できる

子どもの頃、「大人は完璧だ」と思っていませんでしたか？　しかし、いざ大人になってみると、悩むし、落ち込むし、できないこともたくさんあるし、まだまだだなあって思いますよね。

一方で、今のあなたと、5年前の自分を比べてみてください。明らかに、今のあなたのほうが成長していませんか？　つまり、大人になった今も成長し続けているということです。私たちは、年齢に関係なく、いつからでも成長できるのです。

「人の能力は、いくつになっても経験や努力によって成長させることができる」という考え方と、「人の能力は生まれつき決まっていて、努力しても変わらない」という考え方があります。あなたの考え方はどちらに近いですか？

あなたの周りにも、年齢を重ねても成長し続けている人がいると思います。そうした人たちは、いろいろなことにチャレンジし、いくつになってもできることが増えていきます。失敗や課題に直面しても、成長のチャンスととらえているはず。つまり、「いくつになっても経験や努力によって成長できる」ということを体現している人たちです。

一方で、「能力は生まれつき決まっていて、努力しても変わらない」という考え方だとどうなるでしょう。失敗や課題に直面したとき、「どうせうまくいかない」「自分では無理だ」と思い、それ以上取り組むことをやめてしまいます。そして、成長をやめて、それまでのやり方に固執し、周りの変化にもついていけませんよね。

いくつであろうと、「もっと成長できる」「もっと○○できるようになりたい」と考える人は、新しいことに挑戦し、子どもや保護者、同僚から、より信頼される存在へと進化していくはずです。

実際、私たちの園に50歳代で入職する職員も少なくありません。そうした方々の多くは、さまざまな園で勤務してきた経験がありますが、私たちの目指す保育に触れ「こんな保育があったんだ」「こういう保育をしたかった」と思って入職してきます。つまり、さらに成長していこうとしているわけです。若手職員からも学び、子どもたちと改めて向き合い、自分を磨き続けています。

もしあなたが、うまくいかないことに直面して、「私にはできない」「もうこれ以上無理」と思った際は、その考えを見つめ直してほしいのです。**私たちは、いつからでも成長できます**。昨日はしなかった行動をとるだけで、今日という日が新しい1日になるのです。

「いくつになっても経験や努力によって成長する」ために、次のことを意識してみてください。

今日からできるアクション！

- [ ] 失敗や課題を学びのチャンスととらえる。
- [ ] 自分の成長を振り返る時間をつくる。
- [ ] 成長している人の真似をする。

69 悩んだときは成長するチャンス

同僚との意見の衝突や、人間関係で悩むとき、感情が昂《たか》ぶったり、落ち込んだり、時にはその人のことが頭から離れず、夜眠れなくなることもあるかもしれません。

以前、同僚から「ちゃんとして」と言われて悩んでいる保育者がいました。彼女は、「私はみんなからやる気がないと思われているのではないか」「なぜ私はうまくやれないのか」「ちゃんとやってないと決めつけるあの言い方は許せない」と考え込んでしまい、家に帰って寝る際も、それらがグルグル頭の中を回る状態になっていました。

一方で、同僚ではなく子どもに「ちゃんとして」と言われたらどう思うでしょう？　きっと悩むよりも、「ごめんごめん」とか「申し訳ないことをしてしまったなあ」と考えるのではないでしょうか。

たとえば、あなたがサナギだとします。目の前にカマキリという天敵が現れたら、動けないあなたは不安で仕方なくなりますよね。しかし、サナギから蝶《ちょう》へと成長したらどうでしょうか？　カマキリなんてもはや気にする存在ではありません。あなたには飛び立つ力があるからです。つまり、**同じ状況でも、成長すれば問題が問題でなくなる**ということです。

あなたは新人保育者の頃、どんなことに悩んでいましたか？　保育室内での立ち位置や言葉がけなど、一つひとつに悩んでいたのではないでしょうか。しかし、それらは今のあなたにとっては、問題ではなくなっていますよね。思い出そうとしても思い出せないくらいだと思います。それはあなた自身が、サナギから蝶へと成長したからです。

つまり、今あなたが悩んでいたとしても、見方が変わったり、解決する力を身につけたりするなど、あなた自身が成長することで、それらは問題ではなくなります。そもそも問題視すらしなくなるかもしれませんよね。

悩んでいるときは、伸びしろが見えているときであり、まさに成長するチャンスなのです。そして、これまでも成長し続けてきたように、それに向き合うことでたしかに成長していけるはずです。

今日からできるアクション！

- 今の問題に対して自分の感情がどう反応しているかを冷静に振り返ってみる。
- 悩んでいる問題に対して、どうすれば成長につなげられるかを考える。
- 成長のために今できる一歩を踏み出す。

70 目標がないことがハンディキャップ

さらなる成長に向け、どのように進んでいけばいいでしょうか。それを考えるうえで大切なことは、目標の有無です。さて、あなたには目標がありますか？　日々の忙しさに追われ、いつしか目標を見失っていた、なんてことはありませんか？

実は、**目標がないことはハンディキャップを背負っている**ともいえるんです。ハンディキャップとは不利な条件のことですが、なぜ目標がないことがハンディキャップになるのでしょうか？

私はロードバイクに乗るのが趣味なのですが、不思議なことに、車を運転していても、通り過ぎるロードバイクをすぐに見つけることができます。自転車ショップも自然と目に入ってきます。

あなたも同じようなことがあるはず。新しくカバンを買ったら同僚のカバンに目がいったり、好きなアーティストの広告を思わず見つけてしまったりするのではないでしょうか。これは、関心のあるものには無意識のうちにアンテナが立ち、その情報をすぐにキャッチするという脳のカラクリなんです。

そのため、「ロードバイク」に関心をもっていなかったら、街中のロードバイクを見過ごしていることも多いわけです。でも、意外とたくさん走っているんですよ。

保育現場でも、同じことが起きています。**やりたいことや達成したい目標があると、関連する情報やチャンスが自然と目に飛び込んできます**。

Aさんは「発達がゆっくりな子のサポートができるようになりたい」と思っていました。そう思っていると、日々の保育の中で、そうした子どもの行動や表情、小さな変化に気づきやすくなります。また、発達支援に関する研修や書籍の情報にも気づき、自ら学びを深めていきました。

これは、『「なんで気づかないの?」は重要性が違うから』（項目39参照）で紹介した内容に共通しています。私たちの脳は、重要と思うものにアンテナを立てて、必要な情報をキャッチしようとします。なぜなら、必要でない情報までキャッチしてしまうと脳がパンクしてしまうからです。

さて、重要と思うものとは何でしょうか。そのもっとも大きなものとは目標です。

目標があれば、関連する情報が自然と目に入ります。逆に目標がないと、同じ景色を見ていても大切な情報や機会に気づきません。だからこそ、目標がないことは、ハンディキャップを背負っているということなのです。目標をもつことで、いろいろなものに気づき始めます。目の前にある情報や機会を逃さないためにも、やりたいことをたくさん見つけましょう。

今日からできるアクション！

- □ やりたいことは何だろうかと考える時間をもつ。
- □ どんなことをしているときに熱中・没頭しているか振り返る。
- □ やりたいと思うことをリストアップする。

71 やりたいこと100個リストをつくる

前項では、目標をもたないことがハンディキャップになりうるとお伝えしました。一方で、目標が明確な人もいれば、「自分のやりたいことがわからない」と感じている人もいるのではないでしょうか。

そんなときは、「やりたいこと100個リスト」をつくることをお勧めします。

「やりたいこと100個リスト」とは、大小問わず「やりたいこと」を100個リストにして書き出すことです。「100個も?」と思うかもしれませんが、気になっている「〇〇といらカフェに行く」や「〇〇といら映画を観る」といった身近なことでもいいんです。「こんなことできたらいいな」というものも書いてください。

そうすると、「〇〇といらカフェに行く」ことにアンテナが立っているので、実現しようとして、行動にもつながりやすくなります。一方で、リスト化しないとアンテナが立ちません。つまり、**リスト化することで、リスト化しなかったら起きなかったことが起こり始める**のです。

リスト化は、仕事面も含めてチャレンジしてみてください。「〇〇といら曲を弾けるようになる」「ビーマッサージの資格を取る」といった明確なものもあれば、「絵本の入れ替えをする」など、今気になっていることを挙げても大丈夫です。

リスト化することで、無意識的にアンテナが立ち、行動しやすくなるはずです。面白いことに、リストに書いていなかったことまでやれるようになることもあります。**意識が変わることで、目の前に広がるチャンスに敏感になる**からです。

あなたもぜひ、やりたいこと100個リストをつくってみてください。そして、実施できたものから印をつけてください。きっとそのリストを眺めたあなたは、リスト化しなかったら起きていなかった世界の存在に、素直に気づくことができると思います。目標を立てるということは、それほど誰にとっても大切なことなのです。

今日からできるアクション！

- ☐ やりたいことを100個リスト化してみる。
- ☐ 毎月リストを見返し、実現できたことにチェックを入れる。
- ☐ できたことが増えるたびに、自分の成長を振り返り、さらに新しい目標を追加する。

72 保育者としてのキャリアプランをもつ

あなたは、どんなキャリアプランをもっていますか？　保育現場はピラミッド型組織ではないので、キャリアイメージが湧きにくいといえます。係や課、部などがあるピラミッド型の場合、「まずは係長になって、次は課長で、その次は部長で」と、キャリアをイメージしやすいですよね。しかし保育現場は、「園長と主任の他はみな同じクラス担任」といった文鎮型（鍋蓋型）組織なので、キャリアアップのイメージをもちにくいように思います。そのため、主任を打診されたとしても「え、主任？　そんなの無理無理」と思う人も少なくありません。

キャリアアップをイメージしづらい職場だと、マンネリ化にもつながりやすくなります。もちろん、子どもたちは一人ひとり個性が違うし、同じ学年でも年によってカラーが違いますよね。しかし、こうした違いがあったとしても、自分の中で「したいこと」や課題意識がないと、「私はどこに向かっているのだろう？」「他の仕事は楽しそうだな」と思ったりして、気づかないうちにマンネリ感を抱いたりします。だからこそ、「自分がどんな保育者になりたいのか」とイメージすることが重要なのです。

「毎年同じことを繰り返しているようで、このまま保育を続けていいのだろうか」と思っていたBさん。そこで彼女に「特に何をしているときが楽しい？」と尋ねると、保育室の環境づくりと教えてくれました。子どもの興味をとらえつつ、「どうしたらもっと楽しい環境をつくれるだろうか」と考えたり、プライベートの買い物でも「これ、使える」「これ真似してみよう」と考えているとのこと。

そこで、保育環境について専門性を高め、「環境づくりといえばBさん」と思ってもらえるような存在になることを想像してもらったところ、「とてもワクワクします！」と答えました。その後Bさんは、仕事へのモチベーションも高まり、環境づくりについて学びを深めていったのです。

園では役職が限られているため、キャリアアップのチャンスが少ないと感じるかもしれません。しかしその中でも、**自分が得意とする領域を見つけ、その専門性を磨くこともキャリアプランの一つ**になります。子どもの発達支援や保護者支援、環境づくりなど、どんな領域に強みをもつ保育者になりたいか考えてみてはいかがでしょう。

また、もしあなたが「管理職になりたい」と考えているのであれば、実現に向けて必要な知識やスキルを積み重ねていきましょう。

キャリアプランをもつことで、目の前の仕事に対する姿勢が変わります。目標があることで、日々の仕事に対するやりがいや意欲も高まります。あなたも、ぜひ自分のキャリアプランを考え、具体的な行動につなげてみてください。

今日からできるアクション！

- ☐ 自分がどんな保育者になりたいかイメージする。
- ☐ どの保育領域に強みをもちたいか考える。
- ☐ 管理職を目指す場合は、どんな点が自分自身の伸びしろか考える。

73 マネジメントを誤解していませんか？

「マネジメント」という言葉を聞くと、身構えてしまうことはありませんか？　「自分にはマネジメントなんて向いてない」「リーダーや管理職がやること」と感じる人も多いのではないでしょうか。文鎮型組織の保育業界では、ステップバイステップで管理職経験を得ることが難しいので、マネジメントに対して苦手意識をもつのは仕方のないことかもしれません。しかしこのマネジメント、日々あなた自身も行っていることなんです。

そもそもマネジメントとは何でしょうか？　一言でいうと、「他者を通じて物事を成し遂げること」です（中原淳『フィードバック入門――耳の痛いことを伝えて部下と職場を立て直す技術』ＰＨＰ研究所、46頁、２０１７年）。つまり、「物事を成し遂げる」ことが重要であり、１人ではできないからこそ周囲の人々に働きかけて「物事を成し遂げる」ということなんです。

保育の現場で「物事を成し遂げる」とは何を指すのでしょう？　それは、より良い保育をするということですよね。

保育はチームでする仕事なので、日々、誰かに何かをお願いしながら仕事をしていますよね。日々の保育も、行事に向けた準備も、上司や先輩、後輩とかかわりながら進めているはず。つまりそれは、すでにマネジメントをしているということです。つまり**マネジメントは、管理職だけが行うものではなく、実はあなたや新人の保育者も日々行っていること**なのです。

ある園で、リーダー役を初めて任されたCさんから、「マネジメントなんてやったことがないので自信がない」「どうやってチームをまとめればいいのかわからない」と相談がありました。そこで、今までどんなふうに同僚とかかわってきたのかと尋ねると、後輩を励ましたり、アドバイスをしたり、一緒に問題を解決していたとのこと。そして、後輩が1人でいろいろとできるように育っていったことも教えてくれました。「それってすでにマネジメントしてるよ」と伝えると、彼女は自分が思っていたより多くのマネジメントスキルをもっていることに気づいたのです。

マネジメントへの苦手意識は、自分がまだ「できていない」と思い込んでしまうことから生まれることが多いと感じています。しかし、実際には**日々の保育の中ですでに行っている**ものなんです。大切なのは、マネジメントを「管理職だけがやるもの」ととらえるのではなく、より良い保育を実現するために、進んで同僚とかかわろうとすることです。

今日からできるアクション！

- □ 自分が他者にお願いして物事を進めている場面に気づく。
- □ お願いしたり関係性を築くために、どんな工夫をしているか振り返る。
- □ マネジメントは管理職だけがするものではないと自覚する。

74 リーダーシップの誤解を解く

「リーダーシップ」という言葉も、誤解されている言葉の一つです。あなたはどのようなイメージをもっていますか？　「周りを引っ張っていく強い存在」「いつも正しい判断を下し、的確に指示を出す人」そんな姿を思い浮かべるかもしれません。しかし、実はリーダーシップとは、もっと広い意味のある言葉なんです。

ある日Dさんは、同僚から「来年度はDさんにぜひ運動会担当をやってほしい」とお願いされました。園長や主任も「Dさんなら」と思っていました。一方で、運動会は園行事の中でも準備期間が長く、いろいろなクラスとの調整や段取りも必要です。そのため、Dさんは「私には無理です。リーダーはみんなを引っ張る存在ですし、私にそんな力はありません」と言いました。Dさんは、「みんなをまとめられるか不安だ」という思いを強くもっていたのです。

そこで園長は「リーダーシップって、仲間が自分の役割を果たせるように環境を整えたり、サポートするのも立派なリーダーシップで、**必ずしも前に立って引っ張ることだけではない**んだよ」と伝えました。Dさんは、この言葉に少し驚いた様子でした。「リーダー＝引っ張る人」と思っていたからです。そこでDさんは運動会の担当を引き受け、アイデア豊富な同僚にアイデアを出してもらったり、準備が遅れていそうな人に声をかけたりして、見事に運動会担当としての役割を果たしました。

このエピソードからもわかるように、「リーダーシップ＝引っ張る」ことではありません。リーダーシップとは、職場やチームの目標を達成するために他のメンバーに及ぼす影響力を指すのです（石川淳『シェアド・リーダーシップ――チーム全員の影響力が職場を強くする』中央経済社、２０１６年）。つまり、引っ張る力をもつ人だけが発揮するのではなく、場を和らげるのが得意、環境構成が得意、アイデアを出すのが得意、整理整頓が得意など、**それぞれの得意を活かして、保育がより良くなるためにその影響力を発揮していけばいい**んです。リーダーシップを目標達成に向かうポジティブな影響力ととらえてください。

一人ひとりが影響力を発揮すること、そしてそれらが共鳴し合うことが、今求められているリーダーシップです。

付け加えておきたいのは、不平・不満・愚痴《ぐち》も強い影響力をもちますが、これらは目標達成に向かう影響力ではありませんので、リーダーシップでも何でもないということです。むしろ、チームメンバーの士気を下げ、成長や進化を妨げるので、気をつけたいところですね。

今日からできるアクション！

- [ ] リーダーシップとは目標達成に向かうポジティブな影響力であると改めて意識する。
- [ ] 自分の得意なことで、より良い保育やチームづくりのためにできることを見つける（些細《ささい》なことでもＯＫ）。
- [ ] 小さな範囲からでも、誰かのためにやってみる。

75 半径5mのリーダーシップ

前項で、リーダーシップ＝「引っ張る」「まとめる」と思いがちですが、実はそうではなく、目標達成に向かうポジティブな影響力だとお伝えしました。では、どのようにそれを発揮していくかを考えてみたいと思います。それが「半径5mのリーダーシップ」です。

よく隙間時間に職員室の整理整頓をしていたEさん。Eさんとしては「気になったからやっている」といった感覚でしたが、同僚から「整理整頓うまいね」「どうやったらこんなにキレイに片づけられるの?」と言われ、誇らしくなって簡単な整理整頓のコツを同僚にシェアしました。するとそれを真似する人が増えて、職員の意識も少しずつ変わり、Eさん以外の人も職員室の整理整頓をするようになりました。

まさにこれは「半径5mのリーダーシップ」です。「最初から多くの人数に影響力を与えましょう!」と言われても、躊躇《ちゅうちょ》するかもしれません。しかし、**自分を中心として半径5mの範囲であれば、何だかできそうな気がしてきませんか?** 目の前の人を笑顔にする、寄り添う、励ます、伝える、貢献するなど、自分が得意なことを実践し、周りに良い影響を与えていくのです。

文鎮型組織である保育現場は、管理職やリーダーが少ない組織形態です。だからこそ、一人ひとりが影響力を発揮し合い、共鳴し合うことが、チームづくりをするうえでとても大切です。リーダーシップは必ずしも上に立って指導するものではなく、あなたがいるその場で発揮されるもの。それが周囲の人たちに良い変化をもたらし、波紋のように広がっていきます。そして、あちこちでその波紋が起こるからこそ、イキイキとしたチームになっていくわけですね。

いきなり大きなリーダーシップを発揮しようと気負う必要はありません。まずは、あなたの**得意なことや強みを活かして、周囲に少しでもポジティブな影響を与える**ことから始めてください。その小さな行動が、やがて大きな変化を生み出すのです。

今日からできるアクション!

- □ 得意分野を活かして、小さなことから誰かに貢献する。
- □ 同僚のポジティブな行動に気づいたら承認する。
- □ 不平・不満・愚痴《ぐち》などネガティブな影響力を発揮しない。

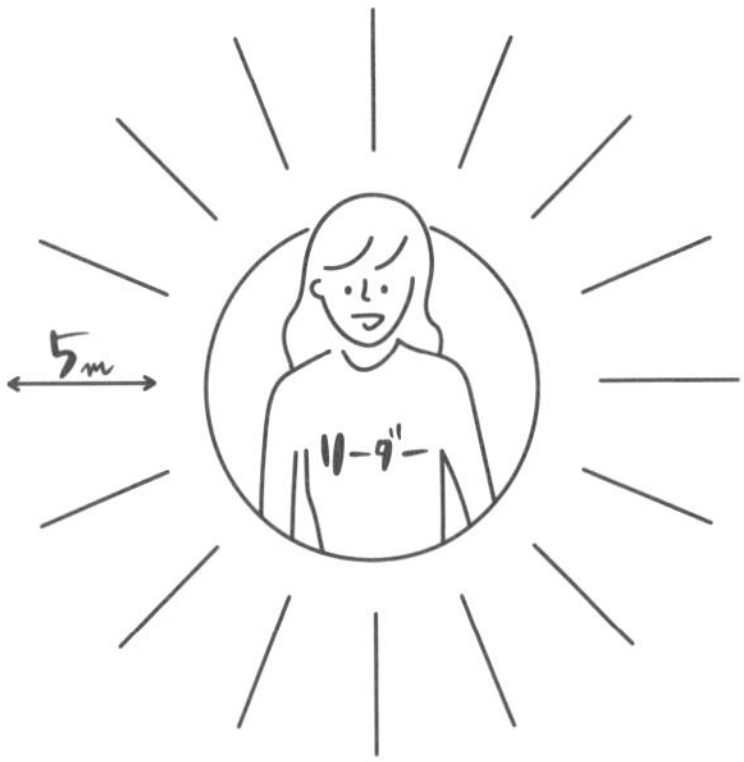

76 「誰かのために」「何かのために」行動するときが、もっとも力が出る

「あの人は、いつもエネルギーに満ち溢《あふ》れているな」「いつもポジティブだな」という人がいますよね。そして、「なぜそんなふうにできるのだろう」と思ったりしませんか。そういう人たちの多くはきっと、「誰かのために」「何かのために」と思って行動しているように思います。あなた自身も、「誰かのために」「何かのために」行動していると、やる気に溢れていたり、充実感も高くなりませんか。

心理学者のマーティン・セリグマンは、「意味の追求」がより人生の幸福度を高めるといっています。おいしいものを食べたり、楽しいことをしたりなど「喜び」を追求することはもちろん幸せですし、自己成長や達成感を求めて進んでいるときも幸せを感じます。しかし、**「誰かのために」「何かのために」と、自分より大きな何かに貢献しているとき、人はさらに大きな幸福を感じる**というのです。

震災などのボランティアの人たちが、大変な状況の中でも大きな力を発揮しているのは、まさに「誰かのために」「何かのために」行動しているからではないでしょうか。

園長になったばかりのFさんは、「私にできるかな」「本当に大丈夫かな」と不安でいっぱいでした。ところが彼女は、しっかりとリーダーシップ（目標達成に向かうポジティブな影響力）を発揮し、園づくりを力強く進めていきました。「青木さん、聞いてください！　こんなことがあったんです！」と嬉《うれ》しそうに語る彼女の口からいつも出ていたのは「職員のために」「子どもたちのために」という言葉でした。そして、園長になって1年目とは思えないくらい、とても良いチームをつくり上げたのです。

自分のために何かをするときは、なまけたりあきらめたりしても影響を受けるのは自分なので、「ついつい」気が緩むこともあるかもしれません。しかし、「誰かのために」「何かのために」本気でがんばろうとするとき、そういう気持ちは湧きにくいのではないでしょうか。何のためにこれをするのか？と「意味を追求」している人が多いチームはどうなるでしょう？ 職場全体の雰囲気が良く、ポジティブで行動力もすごそうですよね。**「誰かのために」「何かのために」行動することは、あなた自身の成長だけでなく、職場の成長や子どもの成長、そして社会づくりにもつながっていく**のです。

今日からできるアクション！

- ☐ 困っている人を見つけたら力になる。
- ☐ 自分の行動が「誰の」「何に」つながるのか、影響の循環を考える。
- ☐ 「誰かのため」「何かのため」を考えて行動する。

77 「自分のやりたいこと」と「チームの目標」を掛け算で考える

中堅以上になってくると、自分の経験を活かしてチームに貢献したいと考える一方で、求められることも多くなり、それらをこなすだけで精いっぱいということも増えるのではないでしょうか。しかし、**チームの目標とあなた自身の「やりたいこと」がうまく噛《か》み合ったら、やっていることそのものが楽しみに満ち溢《あふ》れる**ような気がしませんか。

プライベートでも友人同士を紹介したりして、人と人をつなげているGさん。そんな性格を知っていた園長は、Gさんに「次の保護者懇談会は、保護者同士の距離感が近づくような内容にしたいのだけれど、企画してくれない？」と頼みました。

Gさんは、「私にできるかな」と思ったものの、考え始めたらとても楽しくなってきました。そして、「やりたいこと」である「人と人をつなげること」を活かしてアイスブレイクを取り入れたり、お互いが気軽に楽しく自己開示できるような内容で懇談会を企画しました。

当日はGさんのリードで保護者もすぐに打ち解け、日頃の悩みや子どもたちの成長について楽しく語り合う場となりました。保護者からは「こんな機会をつくってもらえて本当にありがたい」という感想が多く寄せられ、「保護者に信頼される園になる」という園の目標に大きく近づくことができました。

Gさん自身も、自分の得意分野が園全体の目標達成につながることに充実感を感じることができました。

苦手なことを義務感で行うことよりも、「やりたい」ことをやっているほうが、やる気も行動力も上がりますよね。しかもそれが、チームの方向性に合致し、チームの目標の実現に結び付くとしたら、個人もチームもハッピーですよね。

そのためにも、**あなた自身の「やりたいこと」を明確にしてみましょう**。何をしているときに楽しく没頭できたかを振り返ってみてください。「これなら楽しいし力が出る」と感じることを書き出してみましょう。そして、それらをチームのために発揮するとしたら、どんなことができるか考えてみてください。管理職であれば、メンバーのやりたいことを把握し、それが活かされる園づくりを考えてみてください。

一人ひとりが「やりたいこと」と「チームの目標」の掛け算につながる行動をとれていたら、とても力強いチームになるはずです。

今日からできるアクション！

- □ 自分が楽しんで力を発揮できることを書き出す。
- □ 園の方針を把握し、自分のやりたいことでどう貢献できるかを考える。
- □ 自分のアイデアを園に提案する。

78 素直さは成長のカギ

保育者としての成長において何が大切かと問われたら、私は「素直さ」と答えます。私が採用面接で重要視しているポイントの一つは「素直さ」です。なぜなら、いくら優秀な人材であっても、素直さが欠けているということは成長の伸びしろがないからです。

ここでいう「素直さ」とは、ただ周りの意見に従うという意味ではありません。**自分の考えをもちながらも、他者の言葉やアドバイスに耳を傾け、自己を見つめ直し、変化の余地を見出す姿勢**です。素直な人は、日々の小さな経験からも学びを得ることができます。一方で、「自分のやり方が正しい」と決めつけてしまう人は、新しい意見や視点を受け入れにくくなり、結果として成長の幅が狭くなってしまいます。

ベテラン保育者のHさんは、長年の経験から保育のノウハウが豊富でしたが、園長や主任からアドバイスされても「あ、もうやってます」「それやろうと思ってました」「それやらなくても大丈夫です」とすぐに反応し、意見を受け入れようとする姿勢がなかなか見られませんでした。また、「自分は知っているから」といった姿勢も強くもっていました。

このように、意見やアドバイスを寄せ付けないように振る舞うHさんには、園長や主任、同僚もなかなか意見を言いづらくなっていきました。結果として、Hさんは成長の機会を失ってしまったように思います。保育に完璧ということはありませんし、子どもの姿も多様です。学ぶことはたくさんあるはずなのに、成長の機会を自ら手放してしまうことになったことに、Hさん自身が気づかず、結果的に別の職場に移っていくことになりました。

自分の経験や方法に固執しすぎると、周囲からの信頼を失うだけでなく、自分の成長の機会も閉ざしてしまいます。一方でJさんは、アドバイスを受けるとまず試してみる姿勢を大切にしていました。謙虚さをもちながら実際に取り入れてみる姿勢があったため、できることも増えていき、周囲からの信頼や職場での評価もどんどん高まっていきました。**素直さは成長にも評価にもつながった**のです。

経験を積むと、できることも増えていきます。自信をもつことは大切ですが、自信過剰にならず、「実るほど頭を垂れる稲穂かな」のとおり、常に謙虚で素直でありたいものです。そのほうが間違いなく、新しい視点や他者の意見を受け入れることができ、成長につながるはずです。

今日からできるアクション！

- 1日の終わりに、自分の対応を振り返る。
- 上司や同僚、保護者の声に耳を傾け、まずは肯定的に受け入れる。
- アドバイスを受けたことを実際にやってみる。

第8章

生活をより良くするために

79 時間はつくるもの

「時間が足りない」と感じたり、「時間がない」ことを言い訳にしていませんか。しかし、周りを見わたすと、「あの人は忙しいはずなのに」と思う人ほど、さまざまなことにチャレンジしたり、人生を楽しんでいるように見えませんか？

この違いはどこから生まれるのでしょう。実は、そうした人たちは「時間はつくるもの」と考えて行動しています。与えられた時間は誰もが平等。どんなお金持ちでも時間を買うことはできず、1日は私たちと同じ24時間です。だからこそ、その時間をどうとらえ、どう使うかが大切なのです。

たとえば、1日8時間の勤務時間は同じなのに、やり遂げる仕事の質や量が人によって違いますよね。忙しさに追われている人は、目の前の仕事をこなすだけになりがちで、いつも「忙しい」「時間がない」と言いがちです。しかし、**仕事ができる人は、計画を立てて優先順位をつけることで、時間をコントロールし、自分のリズムで仕事を進めています。**こうした姿勢の違いこそが、うまく時間を使えるようになるための秘訣《ひけつ》なのです。

プライベートで考えるとわかりやすいのではないでしょうか。たとえば「今週末は何をしよう」と直前になって悩むのではなく、前もって計画を立て、やりたいことを予定に組み込んでしまう人ほど、旅行に行ったり趣味に時間を使ったりして、結果的にさまざまなことにチャレンジできますよね。予定を入れてしまえば、それに合わせて他の仕事や予定を調整したりして、結果的に全体が効率的に回ることにもつながるのです。つまり、予定を先に入れることで、「なんとかなる」「なんとかする」状況をつくり出すことができるのです。**時間がないことを「問題」ではなく「前提」として考えることで、「どうしたらいいだろう?」と考えていけばいい**わけです。

こうした姿勢は、時間を自分でつくり出すとともに、未来を自分で描いていることにもなります。逆に、直前になって考えたり、「できる時にやろう」としていると、いつの間にか忙しさに流されてしまい、結局、現状維持の日々を送ることになってしまいます。

仕事もプライベートも、「時間はつくる」という意識が不可欠です。時間がないことを言い訳にすると、改善や進歩を妨げてしまいます。時間にコントロールされるのではなく、自ら時間をコントロールしていきましょう。そのためにも、やりたいことを今すぐ予定に入れてしまいましょう!

今日からできるアクション!

- ☐ やりたいことをリストアップする。
- ☐ やりたいことの予定を思い切って先に入れてしまう。
- ☐ その予定に向けて他の用事を調整したり、準備を進める。

80 忙しいときほど自由な時間をつくる

「忙しい」という漢字は「心を亡くす」と書き、まさに余裕がなくなり心がギスギスする状態になりますよね。また、「慌ただしい」という言葉も「心が荒れる」と書くように、余裕を失った心の状態そのものです。私もさまざまな仕事に追われると、ついついそんな状態になってしまいます。あなたも、日々の仕事や家庭での役割に追われ、そんなふうに感じることはありませんか。

分刻みのスケジュールが続くと、何かに追い立てられているような気がして心が落ち着かず、リラックスする間もなく1日が終わってしまいますよね。「忙しさ」を感じるのは、このように「自由な時間がない」と感じるからです。そして、余裕がないままに毎日を過ごすと「ただ時間に追われている」という感覚が強まってしまいます。

こうした忙しさのピークにいるときだからこそ、**5分だけでも「一息つく時間」を確保することで、時間に追われる感覚を和らげる**ことができます。

私も忙しいときは「何もしない」「何も考えない」「一息ついてコーヒーを飲む」などの時間をつくることで、心にゆとりが生まれ、「忙しい」とは感じなくなります。短時間でも意識して「何もしない」時間をつくると、気持ちが少しほぐれ、脳もリセットされるような感覚になります。仕事で手いっぱいのときも、コーヒーでも飲んで深呼吸する時間を意識してつくるようにしています。こうした「一息つく時間」を確保することで、頭がすっきりし、気持ちにも余裕が戻ってくるのです。

さらに、「何もしない時間」を意識して確保することは、新たな発見をしたり、時間の使い方を見直すきっかけにもなります。なぜなら、**目の前のことから少し距離を置いてみることで、気づけていなかったことに気づいたり、長い目で見て考えたりすることができる**からです。そして、その後の時間の使い方にも影響を及ぼすことができるのです。

自由な時間をつくり、心と体に余白をもたせることで、結果的に全体が整い、充実感も高まっていきます。日々の中で少しでも意識的に「何もしない時間」を取り入れることは、時間にコントロールされるのではなく、自分が時間をコントロールしていく感覚を取り戻す大切な習慣といえるでしょう。

「忙しいからこそ自由な時間をつくる」という考え方は、生活の質を高め、忙しさに振り回されないための大切なステップです。ほんの少しの工夫と時間の使い方で、心に余裕のある豊かな毎日を手に入れてください。

今日からできるアクション！

- ☐ 5分間でも「何もしない時間」を確保する。
- ☐ スマートフォンを手放す時間をつくる。
- ☐ ホッとできる飲み物をゆっくり味わう時間をつくる。

81 習慣の積み重ねが人をつくる

より良い生活や未来を得るためには、何かを変えていく必要があります（今と同じままでは、現状維持になってしまいますよね）。そんなとき、次の言葉が多くの人の心に響くのではないでしょうか。

「心が変われば行動が変わる。行動が変われば習慣が変わる。習慣が変われば人格が変わる。人格が変われば運命が変わる」

これは、元野球選手の松井秀喜さんの座右の銘です。日常はまさに行動の積み重ね。どんな人にも決まった行動パターンがあるはず。何時に起きて、何時に寝るのか。何を食べ、何を飲み、何を見て、どんな言葉を発し、誰とかかわり、どこへ行くのか。こうした決まった行動パターンは、意図することなく繰り返されるようになり「習慣」となっています。毎日飲酒をする人はそれが習慣であり、寝る前にYouTubeやTikTokを見る人も、それが習慣になっているといえます。

「変わりたい」「成長したい」と思うのであれば、こうした習慣を変えることが不可欠です。なぜなら松井さんの座右の銘にもあるとおり、**「習慣が変われば人格が変わり、運命が変わる」**からです。それでは、どのように習慣を変えていけばよいのでしょう。

多くの人は「何を始めるか」を考えがちですが、**「何をやめるか」をセットで考える**ことをお勧めします。というのも、新しい行動を始めるには余白が必要だからです。余白のない状態で始めようとしても、結局やらずに終わったり、気持ちだけが空回りしたり、長続きしませんよね。だからこそ、惰性でやり続けていることや、ついやってしまっていることなどを振り返り、習慣になってしまっている行動の中で「何をやめるか」が大切になるのです。本を読もうと決めたなら、スマートフォンやテレビを見る時間を減らす必要があるでしょうし、早起きしようと思うなら、夜更かしをやめる必要があるでしょう。

一方で、「よし始めるぞ」「よしやめるぞ」と決めても、三日坊主になったことがあると思います。そんなときはぜひ、21日間続けてみてください。21日間続けることで、行動が習慣化し始めるといわれています。心も体も慣れてくるということですね。それまでの間は、お酒の蓋にテープを重ね貼りする、スマートフォンを寝室に持ち込まないというように環境を変えるなど、継続する工夫が必要です。

「変わりたい」「成長したい」という思いが本物かどうか試されているといってもいいでしょう。行動を変えなければ未来は変わりません。つまり、行動を変え、習慣のレベルにまで落とし込むことで、実現したい未来に向かって進むことができるのです。

さてあなたは何を始めますか？　何をやめますか？

今日からできるアクション！

- ☐ 何を始めるか決める。
- ☐ 何をやめるか決める。
- ☐ 環境を変え、21日間続けてみる。

82 早起きのススメ

忙しく仕事をしていると、夜はゆっくりしたいと思いますよね。そのため、帰宅するとついテレビを見たり、ＳＮＳを眺めたりして過ごし、気づけば夜更かしなんてことも。そして、翌朝はギリギリまで布団の中。こういった日常はありませんか。

これはまさに、以前の私の姿です。しかし10年前、仕事をしながら大学院に通うことを決め、社会人大学院生となりました。当然、日々勉強が必要ですので、圧倒的に時間が足りない事態に。「何かを変えなければ」と始めたのが早寝早起きでした。時間を確保できただけでなく、生活全体、いや人生そのものが変わったと実感しています。

早朝は、まだ周囲が静かで、車の音も聞こえません。多くの人が寝ているので、ＳＮＳで誰かとやりとりすることもなく、まさに１日が動き出そうとする、そんな特別な時間です。

大学院時代は早朝の時間を研究に充てて、卒業後は、ランニングやロードバイクといった運動のほか、目の前の仕事ではなく未来につながる仕事（緊急度が低いが重要度の高い仕事）をしたりしています。この本も朝に執筆しています。大学院卒業後も、朝型の生活が習慣になったわけです。

もし、朝型でなかったとしたらどうなっていたでしょうか。毎日同じ日を繰り返していたように思います。

１日の「ゴールデンタイム」というと、夜の時間を思い浮かべる人が多いかもしれませんが、一番の「ゴールデンタイム」は朝だと思っています。まさに人生を変えるための「ゴールデンタイム」。

早起きを始めて10年。生活は劇的に変わり、日々がより充実したものになりました。早起きをして得られる「自分だけの時間」をどう使うかは、あなた次第。重要なことや未来につながることに充てれば、きっと大きな変化が訪れるはず。

一方で、「早く寝ても早く起きられない」と悩む人もいるかもしれません。そんなときは、自分がやりたいことを朝にもってくるのが効果的です。「見たかった動画を見る」から始めてもいいかもしれません。起きるのが楽しみになるようなことを決めてみてください。

スムーズに目覚めるための工夫も大切です。布団の中で10秒カウントダウンをしてスッと起きる、起きてすぐに冷たい水で顔を洗って目を覚ます、お気に入りのコーヒーを飲むなど、自分の背中を後押しする取り組みもいいでしょう。

時間は誰にでも平等に与えられています。でも、その使い方があなたの未来を形づくります。早起きの習慣を身につけて、充実した1日をスタートしませんか。

今日からできるアクション！

- ☐ 早く寝るために、寝る前の30分間はスマートフォンを手放す。
- ☐ 朝起きたときのルーチンを決めておく。
- ☐ 朝の時間にワクワクする活動を一つ決めておく。

83 SNSの見すぎに注意

スマートフォンを持つのを忘れて出かけてしまい、不安になったり、ソワソワした経験はありませんか？　私自身も、スマートフォンを忘れて犬の散歩に出かけただけで、「この間に誰かから連絡がきたらどうしよう」と心配になったりします。スマートフォンは、今の私たちの生活には欠かせない存在となっているからこそ、「ないと不安」になるのでしょうね。

情報収集や仕事の連絡、友人とのつながりを保つうえで、ＳＮＳが重要な役割を果たしているのは間違いありません。しかし、**何事も依存しすぎには要注意**です。

ＳＮＳを開くといろいろな情報が飛び込んできます。そして、知り合いのやっていることがキラキラして見え、自分と比較し自己肯定感を下げてしまうこともあるでしょう。何か投稿しても反応をもらえなかったら、不安になったりするかもしれません。次から次へとスクロールしているうちに、あっという間に時間が過ぎていたり、隙間時間はいつもＳＮＳを見ていたり。自分で情報を選んでいるように思っていても、過去の閲覧履歴などから勝手に表示されているだけだと気づかなかったり。

こうした姿は「主体的」といえるでしょうか。ＳＮＳに依存しすぎることで、自信をなくし、人の目が気になり、自分のしたいことに費やす時間が減り、自分で情報も選択できていない。これでは「主体的」とはいえませんよね。

ユーザー情報や閲覧履歴などをもとに、ユーザーごとに異なる情報が表示される仕組みは「フィルターバブル」と呼ばれ、バブル（泡）の内側にいるように、外部で起こっていることや自分と異なる意見に触れにくくなることを意味します。そうすると、物事に対する見方や考え方が偏ったり、他者の意見を受け入れにくくなり、本来ならちゃんと考えられるはずなのに、それが難しくなってしまいます。

さらに、就寝前のスマートフォンにも要注意です。寝る前に画面を見ると、目や脳が刺激され、なかなか寝つけなくなることがわかっています。その結果、睡眠の質も低下し、疲れがとれにくくなってしまいますよね。

より良い生活を送るためには、SNSとの付き合い方を意識して見直すことが大切です。習慣を変えるのは簡単ではないかもしれません。しかし、小さな変化を積み重ねることで、確実に生活は良い方向へ進んでいくはずです。

今日からできるアクション！

- スマートフォンを持たずに散歩に出かけてみる。
- 隙間時間は別のことをする。
- 寝るときはスマートフォンを遠くに置く。

84 ― 考えるだけの時間を確保する

慌ただしく過ごす日々の中で、考える「だけ」の時間をもてていますか？　保育現場も日常も慌ただしく、そんな余裕がほとんどない、という人も多いかもしれません。目の前のことに追われて1日が終わってしまった、なんてこともあるのではないでしょうか。

しかし、「考えるだけの時間」を確保することはとても大切です。なぜなら、そうした時間をもたないと、目の前に現れたことに対応するだけになり、自分のしたいことを主体的に考え、選択する機会を手放しかねないからです。それだけでなく、自分の本音や大切にしている価値観が見えなくなり、「何のためにこの仕事をしているのだろう」と迷い始めるかもしれません。だからこそ、**自分自身がどうありたいか、何をしたいかなど、じっくり考える時間が必要**なのです。

私は車で通勤しているのですが、BGMを流さず無音の中で運転しています。音楽をかけるとそのメロディや歌詞に意識を向けてしまい、じっくり考えることが難しいと感じたからです。以前は好きな音楽を流していたものの、BGMを切ってみると、考えが整理されたりアイデアがいろいろと浮かんでくることを実感しています。

さらには、歩いているときやランニングをしているときに考えたりもします。**歩いているときに創造性が高まる**という研究結果を知っていますか？　歩くことで脳が刺激を受け、自由な発想や新しいアイデアが浮かびやすくなるといいます。実際、歩きながら考え事をすると、問題を俯瞰《ふかん》して見ることができたり、新しい方向性を思いついたりすることがたくさんあります。歩くことでリフレッシュにもつながります。

考えるだけの時間は、未来をつくるための投資です。考える時間をもつことで、保育のアイデアが次々と思い浮かぶだけでなく、仕事の意味や価値、これからの目標を明確にできたり、日々の保育への向き合い方も変わるかもしれません。何より、自分の中で「これが大事だ」という確かな軸ができると、自信をもって行動できるようになるはずです。

あなたの生活に、ぜひ「考えるだけの時間」を設けてみてください。なお、考えるときは、スマートフォンを持たないようにすることがお勧めです。また、朝や夕の通勤時に少し遠回りして歩くとか、休日に散歩するだけでも、思考がクリアになり、考えがまとまりやすくなります。

今日からできるアクション！

- ☐ 朝夕の通勤時、少し遠回りして歩いてみる。
- ☐ スケジュールに「考えるだけの時間」を組み込む。
- ☐ 夜寝る前に、1日の振り返りをする。

85 ポジティブに1日を終える

あなたは1日の終わりに、どんな気持ちで眠りについていますか？　疲れて、悩みや未解決の問題を抱えたまま布団に入る日もあるかもしれません。しかし、「終わりよければすべて良し」という言葉があるように、1日をどのように締めくくるかは、日々を健やかに過ごすうえでとても重要です。

想像してみてください。もしも、楽しかったことや幸せに感じたことに包まれて眠りにつくことができたら、翌朝、より良い気分で目覚められるような気がしませんか。だからこそ私は、1日を終える就寝時、その日にあったポジティブなことを考えて眠りにつくようにしています。

日によっては、もちろん大変な日もあります。しかし、その日のすべてがネガティブなことだったかというと、決してそんなことはないはずです。重要なのは、**小さな幸せにも目を向ける**ことです。

「今日は赤信号にほとんど引っかからなかった」「帰り道の空がきれいだった」「今日飲んだ味噌汁《みそしる》がとてもおいしかった」「〇〇さんの笑顔に元気をもらった」「健康で1日を過ごせた」など、大小問わず、幸せに感じた瞬間を思い出してみましょう。あるいは、感謝の気持ちで溢《あふ》れさせるのもいいでしょう。そうするとまさに、終わりよければすべて良しの状態になりますよね。

「その日うまくいった三つのことと、その理由を書き出す」ことを1週間続けたところ、幸福感が向上し、しかもその効果が6か月も持続したというペンシルベニア大学の研究結果があります。つまり、幸せを見つける習慣が、あなたの人生の質を向上させるのです。ネガティブなことにばかり目が行きがちな日でも、ほんの少し視点を変えてみれば、実は幸せの種があちこちに転がっていて、しかもそれに目を向けることが、人生を豊かにしていくのです。

ポジティブな気持ちで眠ることで、疲れやストレスが和らぎ、心も体もリラックスしていきます。そして翌朝は、気持ちがすっきりとして、エネルギッシュに1日をスタートすることができるのです。1日の終わりをどう迎えるかが、次の日の自分をつくっていると考えると、どのように眠るかはとても大切ですよね。ポジティブに1日を終えることを意識してみてください。

今日からできるアクション!

- □ 布団の中で、今日あった良いことを考えながら眠る。
- □ 感謝したいことを考えながら眠る。
- □ その日うまくいった三つのことを、毎日書き留める。

86 新しいものに出会う

最近、新しいことにチャレンジしたり、行ったことのない場所に足を運んだりしていますか？日々、何気なく過ごしていると、同じ人、同じ場所、同じ環境、同じやり方に安心感を覚えてしまいます。しかし、新しいものに出会ったり、新しいことを始めたりすることは、幸福度を上げる力があるんです。

というのも、**行ったことがない場所に行くなど探索の度合いが高まるほど、ポジティブな感情も高まる**というマイアミ大学の研究結果があるんです。さらに、新しい場所により多く行くなどして幸せを感じた人は、脳の活性化も見られたとのこと。

つまり、新しい人に会ったり、見知らぬ街を訪れたりすることは、とても良い効果があるということです。あなたも、少し遠出をして新しい景色を眺めたり、普段行かないカフェで時間を過ごしたりして、心が軽やかになり、新たなエネルギーを得たと感じたことはありませんか？

新しい体験をするのも大切です。美しい自然や建築物を見たり、さまざまな音や音楽に耳を澄ましたり、おいしいものを食べたり、マリンスポーツやアートなど、今までやったことのないアクティビティを体験してみたり。あるいは、初めての人と出会うこともまた、自分を豊かにしてくれるチャンスです。新しい人と話すことで、自分にはない視点を学び、刺激や着想を得ることができます。

こうした刺激は保育者としての仕事にもプラスの影響を与えるはず。なぜなら、保育には教科書がなく、どんな活動をすればいいかなんて、どこにも書いてありません。だからこそ、自分の中にどれだけ着想や引き出しがあるかは重要です。保育者として、あるいは人としての経験が豊かであればあるほど、そうした着想や引き出しが増えていきますよね。保育とは直接関係しなくても、あのときの経験や、あのとき感じた感覚や感情は保育にも間違いなく影響してきます。そして、新しい出会いや体験は、心の栄養となり、モチベーションの源にもなります。

新しいものに出会うことは、自分をリフレッシュさせるだけでなく、人生そのものを豊かにしてくれるカギ。より充実した日々を送るためにも、一歩踏み出してみませんか。

今日からできるアクション！

- ☐ 普段とは違う道を通ってみる。
- ☐ 行ったことのない場所に行ってみる。
- ☐ 新しいことを始めてみる。

87 本を読む

あなたはどれくらい読書をしますか？　実は、「毎日本を読む」人は「本をまったく読まない」人に比べて、「生活が充実している」と回答する人が多いんです。そして、7割以上もの人が、読書が「自身の幸福につながっている」と回答しています（楽天ブックス「読書習慣と幸福度（生活の充実度）の関連性についてのアンケート調査結果」2022年）。さらには、収入の高い人は読書量が多いということもデータから読み取れます（総務省統計局「2022年家計調査　家計収支編　二人以上の世帯」2023年）。

なぜ本を読むことで、こうした効果が表れるのでしょう。まず、読書は知識を増やしてくれます。そして、共感力や考える力を高めてくれます。

小説の登場人物の気持ちに寄り添ったり、ビジネス書を読んで問題解決のスキルを学んだりすることで、仕事や生活のさまざまな場面に役立てることができるはず。この本も、そうしたヒントを届けたいと思って執筆をしています。

また、**本を読むことでストレスを軽減できる**ともいわれています。物語に没頭したり、興味深い内容に触れることは、リフレッシュにもつながります。

さらに、読書を通して「何倍もの経験をする」ことができます。なぜなら、フィクションであれノンフィクションであれ、本を通してたくさんの人々の人生を追体験できるからです。しかも、それらは著者の経験や考えが、誰かに伝えるためにわかりやすくまとめられているので、こんなに効果的な学びはありませんよね。

一方で、「ネット記事を読むのと読書はどう違うの？」と思うかもしれません。ネット記事は、情報を早くわかりやすく届けようとするため、短く要点がまとまっていることが多い半面、内容が表面的になりがちです。本の場合は、一つのテーマについて書かれているため、体系的に構成されていて、著者が長い時間をかけて練り上げた内容として書かれています。また、本を読む時間は、ネット記事に向き合っているときに比べて、心を落ちつかせて読めているような気がしませんか。つまり、**同じ読むという行為でも、ネット記事と本では違いがある**わけです。

読書は、保育にも良い影響を与えます。保育の理論や実践に関する本はもちろん、保育に関係のない本も、あなた自身の人間力や引き出しを豊かにし、子どもや保護者、同僚とのかかわりに影響を与えます。

ぜひ、本屋さんに足を運んでください。本屋さんを歩き回ってタイトルや装丁を見ていると、思わぬ1冊があなたの目に留まり、心を動かされることがあるでしょう。その予期せぬ出会いが、あなたの心に新しい風を吹き込むこともあるはずです。

本を読むことは、あなたの人生を豊かにし、仕事にも良い影響を与えてくれます。ぜひ、日常の中に読書の習慣を取り入れてみてください。

今日からできるアクション！

- □ 毎日5分でも読書の時間をつくる。
- □ 本屋さんに立ち寄ってみる。
- □ 読んだ本のリストをつくる。

88 行動するとやる気が出る

「あの人は、やる気があるから行動できるんだ」とか、エネルギッシュに動き始める人を見て、「きっとやる気に満ちているに違いない」と考えることはありませんか？　しかし、「行動するとやる気が出る」ということを知っていますか？

たとえば、掃除をする気分ではなかったけれど、ちょっと手を動かし始めると、思いのほか作業に没頭し、普段は掃除しないような場所までピカピカにしてしまった、という経験はありませんか？　私も普段は車の掃除なんてしないのに、いざやり始めると、隅々までキレイにしたくなってしまいます。これは最初の一歩を踏み出したことで、脳から「ドーパミン」というやる気が引き出されるホルモンが分泌されたからなんです。つまり、**行動するとやる気が引き出される**のです。

こうしたカラクリは、「ズーニンの法則」として表されています。「行動の開始が、意欲の向上を引き起こす」というもの。簡単にいえば、気が乗らないと感じていても、まず動き出すことで自然とやる気が湧いてくるという現象です。掃除、片づけ、運動、あるいは仕事でも、「始めてしまえば意外と集中できた」という経験は、まさにこの法則の表れです。

あなたがこの本を読んできた中で、多くの考えや新しい視点に出会い、「自分を変えたい」「もっと良くなりたい」という思いが芽生えたかもしれません。でも、そう思っているだけでは、何も変わりません。そしてやる気がメラメラと燃え上がってくるのを待っていても、静かに時間が過ぎ去っていくだけでしょう。その**思いを形にするには、最初の一歩が重要**なんです。ほんの小さな一歩でもいいから、まず動き始めることが大切です。

何か新しいことに挑戦したい、成長したいと感じたら、「まずやってみる」という行動を心がけてください。たとえば、気になる資格試験に申し込んでみる、気になっていた所に行ってみる、同僚にしたいことを話してみるなど、小さな行動から始めてみましょう。その行動が次のステップへのモチベーションを生み出し、あなた自身をどんどん前進させてくれるはずです。

自分自身を「すぐやる共和国」の大統領と思ってください。そんな国名の大統領ですから、真っ先に行動しないと国民に示しがつきませんよね。そして、あなたがこの本を通じて得た知識や気づきを行動に移してください。行動することでやる気が引き出され、主体的な保育者として充実した生活につながっていくはずです。

今すぐ小さな行動を起こす。それが、成長につながる欠かせないカギなのです。

今日からできるアクション！

- □ すぐやる共和国の大統領として自分に宣言する。
- □ 本書を読み直す。
- □ やる気が出るのを待つのではなく、まずは行動する。

おわりに

私を育ててくれたもの

『主体的な保育者になるための88の思考法』はいかがでしたか。最後に、私がこの本を執筆した理由を書き記します。

私は32歳のとき、国家公務員を辞めてこの世界に飛び込んできたのですが、なかなか辞める決断ができずにいました。なぜなら、公務員という環境で10年近く過ごしてきた自分に、自信をもてなかったからです。

そんな私がしたことは読書でした。自分に足りていないと思う「自信」を高める方法や、「経営」「人材育成」「組織開発」といったジャンルの本を読み漁りました。いわゆる、「自己啓発本」や「ビジネス本」というものです。

すると、少しずつ思考と行動が変わり始め、著者の講演会を聴きに行ったり、新幹線に乗って著者に会いに行ったりするようになりました。自身の中にエネルギーが充満していくかのように、自信をもてるようになっていったのです。

そのようにしてこの世界に飛び込んだわけですが、まさか36歳から大学院に入学し博士号を取ったり、2000名を抱える法人の経営者になるなんて想像していませんでした。その後もコーチングを学び、物事のとらえ方が大きく変わるとともに、コーチとして多くの園経営者や園長の人生の変化に伴走するようにもなりました。

こう考えると、私を育ててくれた起点には、「自己啓発本」「ビジネス本」があったといえます。一方で、「自己啓発本」「ビジネス本」に出てくる事例は保育場面とかけ離れています。だからこそ、私を育ててくれた数々の書籍やコーチングへの恩返しになると思い、保育者の「あるある」を描いた「自己啓発本」や「ビジネス本」を書きたいと思ったのです。

この本が、1人でも多くの保育者に届き、背中を押すことができるとしたら、こんなに嬉しいことはありません。子どもの主体性を高めるためにも、私たち保育者が躍動していきましょう！

最後に、この書籍の出版にあたり、辛抱づよく伴走いただいた中央法規出版の編集者・平林敦史さん、元保育士でコーチ仲間でもありイラストを提供してくださった寺澤知佳さん、いつも私を支えてくれている檸檬会のみんなや家族に、心から感謝を伝えたいと思います。本当にありがとうございました。

なお、本書の感想や本書を読んだことで生まれた行動や変化などを kazu.a@lemonkai.or.jp までお寄せ頂いたら大変嬉しく思います。

２０２５年１月

青木一永

【著者紹介】

青木一永（あおき・かずなが）

社会福祉法人檸檬会副理事長、大阪総合保育大学非常勤講師、博士（教育学）。岐阜県下呂市出身、和歌山市在住。れもん保育園（現：レイモンドこども園）園長を務めたのち現職。大阪総合保育大学大学院（博士後期課程）を修了。2015年日本乳幼児教育学会新人賞受賞。文部科学省幼児期及び幼保小接続期の教育の理解増進事業実行委員。法人内外の保育施設経営者や園長とのマンツーマンセッション（コーチング）を中心とした成長支援も行っている。

著書に『つながる保育スタートBOOK：3ステップの視点で保育が楽しくなる!』（東洋館出版社、2022年）、『SDGsと保育スタートBOOK：つながる保育で実践する幼児期のESD』（みらい、2023年）などがある。

マンネリの壁を超える!

主体的な保育者になるための88の思考法

2025年3月10日　初　版　発　行
2025年5月10日　初版第2刷発行

著　者　青木一永
発行者　荘村明彦
発行所　中央法規出版株式会社
〒110-0016
東京都台東区台東3-29-1　中央法規ビル
TEL 03-6387-3196
https://www.chuohoki.co.jp/

印刷・製本　長野印刷商工株式会社
装丁・本文デザイン　mg-okada
装丁・本文イラスト　寺澤知佳

定価はカバーに表示してあります。
ISBN978-4-8243-0181-9

本書の内容に関するご質問については、左記URLから「お問い合わせフォーム」にご入力いただきますようお願いいたします。
https://www.chuohoki.co.jp/site/pages/contact.aspx

A-8-